Deborah Houlding

Die astrologischen Häuser

Standardwerke der Astrologie

Deborah Houlding

Die astrologischen Häuser – Tempel der Planeten

Aus dem Englischen übersetzt von Reinhardt Stiehle

2. Auflage 2017

ISBN 978-3-89997-205-4

Druck: SDL Digitaler Buchdruck, Berlin
Umschlag: Judith Hamann, Tübingen
Satz: Ronald Parusel, Sigmaringen Foto
© istockphoto.com

Zu beziehen im Buchhandel oder über:
Chiron Verlag, Postfach 1250, D-72002 Tübingen
www.chironverlag.com

Inhalt

Vorwort

von Robert Hand

Die Häuser sind in der modernen Astrologie der Baustein mit den größten Problemen, und doch sind sie zugleich einer ihrer grundlegendsten Bestandteile. Wer sich mit moderner Astrologie auskennt, weiß, dass die Debatte um die richtige Methode der Berechnung der Häuserspitzen lange getobt hat. Wir haben heute eine außerordentliche Methodenvielfalt: Koch, Campanus, Placidus, Regiomontanus, äquale Häuser, Meridianhäuser, Morin usw. Die genaue Lokalisierung der Häuser ist äußerst wichtig, denn sehr viele Techniken hängen von einer exakten Kenntnis der Häuserspitzen ab. Jedoch scheint die Astrologie auch heute der Lösung dieses Problems noch keinen Schritt näher gekommen zu sein. Aber das wissen wir alle.

Es scheint aber nicht so klar zu sein, dass sich das Häuserproblem nicht ausschließlich auf deren mathematische und astronomische Herleitung beschränkt. Wir haben auch ein zunehmendes Problem mit den Deutungsinhalten der Häuser. Besonders in den letzten Jahrzehnten setzte eine ernsthafte Verschiebung hinsichtlich der Bedeutung der Häuser ein. Wir geraten also nicht nur bezüglich der korrekten Rechenmethode in Widersprüche, sondern auch im Hinblick auf die Deutung der Häuser. Deborah Houlding befasst sich im vorliegenden Buch hauptsächlich mit diesem zweiten Problem, also den Unterschieden in der Symbolik.

Es ist nicht schwierig nachzuvollziehen, wie es zu dieser Situation kommen konnte. Ich selbst habe in meinen Anfangszeiten ganz ohne Häuser gearbeitet, weil mir ihre Interpretation und die Anordnung ihrer symbolischen Bedeutung wunderlich und willkürlich erschien. Doch sogar die Deutungen der Häuser, so wie sie uns seit dem 19. Jahrhundert überliefert sind, lassen zugrunde liegende Muster vermuten. Ich habe mich in meinem Buch *Horoskopsymbole* mit einigen davon befasst. Zum Beispiel sind allgemein gesprochen die Häuser über dem Horizont eher sozialer und kollektiver Natur, während die Häuser unter dem Horizont eher persönlich und individuell ausgerichtet sind. Häuser, die zueinander in Opposition stehen, scheinen zwei Aspekte ein und desselben Lebensbereiches zu sein. Häuser auf der linken (aufgehenden) Seite des Horoskops sind mehr mit den Taten des Geborenen verbunden, während die Häuser auf der rechten (untergehenden) Seite mehr mit der Erfahrung des Individuum zu tun haben usw.

Jedoch lässt keines dieser Muster sich für jedes Haus in jedem Abschnitt des Horoskops beibehalten. Jedes Bemühen, die Bedeutung der Häuser vernünftigen Kategorien unterzuordnen und eine Art zusammenhängender, theoretischer Grundlage zu schaffen, misslingt, weil eines oder mehrere Häuser nicht in ein bestimmtes Schema passen.

Deswegen ist die Versuchung groß, die Bedeutung der Häuser zu „berichtigen", so dass jene Häuser, die nicht stimmig sind, passend gemacht werden können. Ich habe mehrere solcher Anpassungen in meinem Buch *Horoskopsymbole*[1] vorgeschlagen, Vorschläge, die ich heute sehr viel zögerlicher machen würde. Es könnte sich letzten Endes herausstellen, dass wir diese Angleichungen vornehmen müssen. Aber zuvor sollten wir den Entstehungsprozess der Bedeutung der Häuser im Laufe der Geschichte gründlich verstanden haben.

Nachdem ich Zugang zu vielen der älteren Schriften im Original oder in Übersetzungen hatte, wurde mir klar, dass den meisten Studenten der Astrologie diese Möglichkeit leider verwehrt bleibt. Es ist also eine Diskussion über die Kernfrage der Interpretation der Häuser notwendig. Zusätzlich benötigen wir eine gute Zusammenfassung der Entwicklung ihrer Deutung im Laufe der Zeit. Die-

---

[1] Robert Hand. *Das Buch der Horoskopsymbole*. München 2007.

se gab es bislang nicht. Das vorliegende Buch schießt diese Lücke jedoch. Hier haben wir eine vorzügliche Kritik an der Tendenz jener modernen Astrologen, die mit der Tradition improvisieren und diese verändern, ohne dem, was die Tradition sagt, genügend Beachtung zu schenken. Der Großteil dieses Buches befasst sich mit der Geschichte der Interpretation der Häuserachsen und den unterschiedlichen Deutungsansätzen, die für jeden sichtbar dargelegt werden. Es kann in letzter Instanz zutreffen, dass die moderne Astrologie eigene Wege gehen muss, um eine Lösung für die Häuserproblematik zu finden. Aber lassen Sie uns das wenigstens erst dann tun - falls wir es tun müssen, wenn wir die Möglichkeiten der alten Überlieferungen ausgeschöpft haben. Nach diesem Buch, meine ich, gibt es keine Entschuldigung mehr dafür, die überlieferte Geschichte zu ignorieren. Ich würde mir wünschen, dass selbst jene Astrologen, die kein besonderes Interesse an traditioneller Astrologie, also der Astrologie vor 1700 haben, und die das Häuserproblem scharfer Kritik unterziehen wollen, diesen Schritt erst dann gehen, nachdem sie dieses Buch zu Rate gezogen oder selbst vergleichbare Forschungen betrieben haben.

Horoskopkreise und Tierkreiszeichen

Die Theorien der Häuserbedeutung

Jedes Gestirn wird freilich unter welchem Bild auch immer
von den Häusern des Kosmos geprägt; das Haus überlagert
Sternennatur, bringt Gaben und Schaden; die Sphäre durchwandelt
Jedes Gestirn, erhält dort die Kräfte und schenkt sie dem Himmel.

Manilius[2]

Schon seit dem klassischen Altertum waren die Häuser einer der vier Hauptbestandteile der Astrologie. Zusammen mit den Planeten, Zeichen und Aspekten bildet ihre zwölffache Aufteilung der Himmelssphäre einen der grundlegenden Bausteine der astrologischen Deutung. Jedoch trotz all der vielen Bücher, die von der unentbehrlichen Botschaft der Häuser sprechen, existiert merkwürdigerweise nur sehr wenig in der zeitgenössischen Literatur, das eine echte Würdigung dieser ausschlaggebenden Bedeutung durch eine Darlegung fördert, woher deren Bedeutung kommt. Der Ursprung ihrer Symbolik wird kaum verstanden und von modernen Astrologen wurde nur wenig daran gesetzt, die Bedeutung der Häuser zu definieren und zu erforschen.

Es scheint so, als sei eine Tradition bezüglich der Charakteristik der Häuser aufgebaut worden mit wenigen oder gar keinen Gedanken daran, wie diese zu ihren überlieferten Deutungsinhalten kamen. Woher wissen wir, was sie bedeuten? Die meisten von uns lernen deren Auslegung am Beginn des Studiums, indem wir uns

---

[2] Manilius. *Astronomica – Astrologie, Buch II, 856.* Stuttgart 1990, S. 177.

mechanisch auf ein System von Begriffen zur Häuserbedeutung besinnen, die wir im Gedächtnis verankern und in die Praxis integrieren. Wir lernen, dass das 2. Haus für Wohlstand und Finanzen steht – aber warum? Schwangerschaft gehört in das 5. Haus – aber warum? Gefängnisstrafen sind im 12. Haus, Tod im 8.Haus und Reisen im 9. Haus zu finden – aber wiederum ist es wichtig zu fragen, warum.

Stellt man solche Fragen einem Astrologen, dann variieren die Antworten von einem verwirrten „keine Ahnung", über „weil das Zeichen dafür steht" bis zu „vielleicht ist das numerologisch". Nur wenige haben sich die Mühe gemacht, die Ursprünge und Entwicklung der Häuser zu erforschen und noch weniger empfanden es als eine Kernfrage, über die etwas geschrieben werden sollte.

Die meisten Astrologen würden mit mir darin übereinstimmen, dass eine exakte astrologische Praxis von einem gefestigten Verständnis der Grundprinzipien abhängt. Wo es uns an einer klaren Vorstellung der Grundlage der Hausbedeutung fehlt, verlegen wir uns darauf, neue Herrscher zuzuordnen. Als Stundenastrologin werde ich oft von Studenten um Rat gefragt. Sie wissen nicht, aus welchem Haus sie eine Deutung entnehmen sollen, weil ihre Denkweise verwirrt ist. Aber auch erfahrene Astrologen konsultieren mich, die mit der Entscheidung kämpfen, welches Haus in Horoskopen für ungewöhnliche Situationen relevant ist. Das Wissen um die Grundkonzepte beseitigt diese Zweifel, denn dadurch wird klar und offensichtlich, wo ein Merkmal des Lebens, sei es traditionell oder gegenwärtig, in das Häuserschema passt. Hierin liegt der Schlüssel zu einer erfolgreichen Astrologie: eine überzeugende und unzweideutige Anwendung ihrer Symbolik.

Unter den heutigen Theorien der Häuserbedeutung gibt es gegenwärtig nur zwei Ansätze, denen man eine Glaubwürdigkeit zubilligt. Der erste ist die ziemlich unbedachte Annahme, dass die Häuser mit den Tierkreiszeichen assoziiert werden und ihre Bedeutung daraus gewinnen. Auf diesen Punkt kommt Ralph William Holden in seinem Buch Astrologische Häusersysteme zu sprechen, wo er behauptet:

Beide [Häuser und Zeichen] repräsentieren einfach zwei Sichtweisen auf dasselbe Konzept, welche der Grundidee der Zeichen zu eigen ist, sei es Widder, Stier, Zwillinge oder eines der anderen Zeichen. ... Folglich ist die Grundbedeutung für das erste Haus keineswegs ‚Erscheinungsbild, Disposition, Aussehen, Körper, Gesundheit, Vitalität, oder körperlicher Zustand", sondern einfach nur ‚Widder'. Dies enthält schlussendlich alles, was gesagt werden muss.[3]

Zwar erlaubt die moderne Astrologie einen Austausch der Bedeutung zwischen Häusern und Zeichen, doch der Annahme, dass Häuser ihre Deutung von den Zeichen herleiten, wird in den klassischen Texten klar widersprochen, wo eine wesentlich strengere Unterscheidung leicht zu erkennen ist. Diese Theorie ist bestenfalls grobe Vereinfachung. Schlimmstenfalls verwischt sie die Ränder zweier vollkommen separater astrologischer Techniken, was zu einer flachen Symbolik führt, die so vage ist, dass sie kaum von praktischem Nutzen ist.

Verzerrungen schleichen sich ein, schwächen die Aussagekraft der Symbolsprache und gelangen schließlich zu allgemeiner Akzeptanz aufgrund der einfachen Handhabung. Finanzielle Angelegenheiten und nützliche Ressourcen werden nicht mehr nur auf das 2. Haus eingeschränkt, sondern durch die Assoziation „Stier herrscht über Wohlstand" und durch Schlussfolgerungen auf die Venus ausgedehnt, so dass diese als natürlicher Signifikator für Geld angesehen wird. Diejenigen, die diese Idee fraglos angenommen haben, sollten eine Denkpause einlegen, bevor moderne Abweichler sich in weiteren Verästelungen verzweigen und wir den Bezug zu den Grundprinzipien völlig verlieren. Die traditionellen Herrscherbezüge bleiben ganz auf der Strecke, da sie mit der Sonnenzeichen-Theorie nicht erklärbar sind. Indem sie missverstanden werden, werden sie an Wert verlieren und werden wahrscheinlich durch un-

---

[3] Ralph William Holden. *Astrologische Häusersysteme – Entstehung, Berechnung, Bewertung*. Tübingen 2006, S. 39.

geeignete Vorschläge ersetzt. Wenn wir nicht sorgfältig sind, dann wird alles, was streng genommen in das 5. Haus gehört, aber nicht mit der Symbolik des Löwen übereinstimmt, aus Bequemlichkeit gestrichen. Und dann müssen wir uns auch nicht mehr mit den Deutungen abmühen, die aus räumlichen Qualitäten hergeleitet werden.

Überprüfen wir exemplarisch die gedankliche Kette „2. Haus = Stier = Venus = Geld". In antiken und traditionellen Texten beschreibt das Zeichen Stier keineswegs Wohlstand. Ebenso wenig würde ein Zeichen wie Fische für Gefängnisstrafen stehen. Zeichen und Häuser werden als zwei vollkommen verschiedene Begriffe verstanden, wobei jedes eine spezielle Rolle spielt. Die Zeichen sollen beschreibende Informationen über die Planeten liefern. Die Häuser sollen den Einfluss der Planeten lokalisieren und ein Gespür für deren Befähigung oder Unfähigkeit erbringen. Die alten Astrologen bezogen sich auf die Symbolik des Stiers in beschreibender Weise und waren der Auffassung, dass das Zeichen erdbetont, kalt, trocken, melancholisch, fest, weiblich, nächtlich, fix und ein tierisches ist. Da Stier ein Zeichen ist, das der fruchtbaren Frühlingsperiode angehört, wurde es als erzeugend, gemäßigt und fruchtbar angesehen. Stier herrscht über den Hals und beschreibt anschaulich einen Menschen mit breiter Stirn, großem Mund, dunklem Haar sowie einem starken Nacken. Man ging davon aus, dass Stier sturköpfige und halsstarrige Charaktere hervorbringt, die etwas schwerfällig sind, mit einem einfachen Gemüt und einer unveränderlichen geistigen Haltung, ganz ähnlich wie das Tier, das sie sinnbildlich darstellt. Die Ansicht, dass Stier über die Finanzen herrscht, ist eine neuzeitliche Idee, die man lediglich daraus ableitete, dass man das Zeichen mit dem 2. Haus identifizierte.

Versuchen Sie, einen Beleg in klassischen Texten dafür zu finden, dass der Planet Venus Handel oder Finanzen repräsentiert. Sie werden nichts dergleichen finden. Zieht man die inhärente Natur der Venus mit in Erwägung, dann ist Venus in kaum einer Weise ein Planet des Handels. Ja – Venus sucht den Luxus sowie all die schönen Dinge, die wir mit Wohlstand assoziieren. Aber dieser weiche, runde Planet kennt in geschäftlichen Angelegenheiten keine Gewandtheit. Sie kann uns dazu inspirieren, mehr auszugeben, als wir uns an erfreulichen Dingen leisten können, denn Venus würde alles für einen Wohlfühlfaktor opfern würde, aber dass sie der Planet des Genusses und der Freude am Luxus ist macht sie noch lange nicht zum Planeten für Geld und Kommerz. In der traditionellen Astrologie gereicht diese Ehre dem Merkur, dem traditionellen Signifikator für Handel, Tauschgeschäfte und Wechselverkehr und selbstverständlich auch für Geldbörsen, Schätze, Münzen und alles, was mit Währung zu tun hat.

Als ein weiteres Beispiel dafür, wohin dieses kunterbunte „Vermischen und Austauschen" führen kann, wenden wir uns dem 11. Haus der Freunde und Hoffnungen zu. Wir sind in der Anwendung des Basiswissens so undiszipliniert geworden, dass wir uns fast verpflichtet fühlen, das 11. Haus einfach mit der Bedeutung des Wassermanns zu überlagern – eine Situation, die erst recht zu schweren Verzerrungen führt, wenn Uranus auch noch ins Spiel gebracht wird. Es wird gelehrt, dass alle drei eine ähnliche Bedeutung haben und jeder auf den anderen bezogen werden kann. In dem populären Astrologiebuch *The New Complete Astrologer*[4] finden wir bei der Beschreibung von Uranus unter anderem die Begriffe: humanitär, freundlich und liebenswürdig. Wassermann wird als „nicht vorhersehbar, exzentrisch, rebellisch, widersprüchlich, taktlos und verderbt" beschrieben – ein Austausch der Symbolik zwischen Planet und Zeichen, der den gängigen Häuserdeutungen einverleibt wird durch solche falschen Auffassungen wie dass das 11. Haus Erdbeben, Astrologie und soziale Rebellion regieren würde. Diese modernen Häuserzuordnungen werden in diesem Buch in Frage gestellt, da ihre Grundlagen unbewiesen und unzuverlässig sind. Wir sollten nicht davon ausgehen, dass Popularität von Grundregeln, die in modernen Textbüchern unablässig wiederholt werden, ein Hinweis für deren Vorzug ist, zumal Verleger gerne für eine Vereinfachung plädieren, um einen breiteren Markt zu errei-

[4] Derek und Julia Parker. *The New Complete Astrologer*. London 1971, S. 100.

chen. Die Verknüpfung der Hausbedeutung mit der Symbolik der Zeichen kann für diejenigen ganz nützlich sein, deren natürliche Neugier sich nur auf drei anstatt vier Grundprinzipien erstreckt.

Kommt es aber so weit, dass man gleichrangige Qualitäten von verschiedenen Grundbestandteilen des Horoskops ähnlich deutet, so führt dies lediglich zu einer endlosen Aneinanderreihung von schwacher Symbolik, was der Fantasie erlaubt, sich alles vorzustellen, was sie will. Dies lenkt aber nur von tiefer und ausführlicher Darstellung ab, die ein abgegrenzterer und systematischerer Zugang zu den Häusern erbringen kann.

Ein Rückgriff auf die Urprinzipien würde uns zwingen einzuräumen, dass Uranus viel eher zu der Beschreibung „nicht vorhersehbar, exzentrisch, rebellisch, widersprüchlich, taktlos und verderbt" passt. Das würde zugleich für den Wassermann bedeuten, dass er seine Reputation als „humanes" Zeichen zurückgewinnt, bekannt für Gunst, Taktgefühl und Geselligkeit. Die menschlichen Zeichen – die Luftzeichen – sind die stolzen Eigner einer bemerkenswerten Fähigkeit zu intellektueller Kommunikation sowie für zivilisiertes und rationales Denken, ganz anders als die animalischen Zeichen, die mehr zu sturem und aufsässigem Verhalten neigen, da es ihnen an den sozialen und geistigen Fähigkeiten der Luftzeichen mangelt. Indem wir zu den Ausgangsprinzipien zurückkehren werden wir auch einräumen müssen, dass kein Planet die Züge von „Liebenswürdigkeit" und „freundschaftlicher Gesinnung" weniger an den Tag legt als Uranus. Seine ersten Beobachter charakterisierten ihn an „böse" und entzweiend in seiner Auswirkung. Uranus verursacht Trennung, und wenn er Spannungen löst, dann geschieht dies manchmal auf eine abrupte Weise, die man als schockierend, grausam und gewaltsam erlebt. Wenn wir auf die Ausgangsprinzipien zurückgreifen, dann müssten wir schließlich auch akzeptieren, dass die Planeten kennzeichnen, die Zeichen beschreiben und die Häuser örtlich bestimmen und befähigen. Dies können sie umso effektiver, wenn jedem seine Eigenheit zuerkannt wird. Bei seiner Erklärung zum Ursprung der Hausbedeutung hätte Ralph Holden nicht noch falscher liegen können – das 1. Haus hat sehr wohl mit „Auftreten, Aussehen, Veranlagung, Körper, Gesundheit und Vitalität“ zu tun und viel weniger mit Widder, als die meisten von uns denken.

Holdens Theorie ist nur in einem Punkt stimmig, es scheint nämlich bei den anatomischen Zuordnungen immer eine Verwandtschaft zwischen Zeichen- und Hausbedeutung bestanden zu haben. So werden sowohl das 1. Haus als auch Widder dem Kopf zugeordnet, das 2. Haus und Stier werden dem Hals zugeordnet usw. Aus diesem Grund hat William Lilly die Zeichen als Co-Signifikatoren für die Häuser bezeichnet, aber die Planeten, die er als Co-Signifikatoren feststellte, haben nichts zu tun mit den Zeichenherrschern. In seinem Werk wird den Verbindungen zwischen Zeichen und Häusern abgesehen von deren gemeinsamer Herrschaft über bestimmte Körperteile keine große Bedeutung zugemessen. Die Vorstellung, dass diese in einem allgemeineren Sinne gleichgestellt werden könnten, scheint erst während der Popularisierung der Astrologie im 17. Jahrhundert Fuß gefasst zu haben und ist seitdem langsam unser Denken eingesickert. Die Astrologen der Renaissance, die ihre Arbeit ernst nahmen, verwarfen diese Verdrehung der astrologischen Prinzipien und mahnten zur Vorsicht. Dies klingt ganz offensichtlich bei Nicholas Culpeper durch. Er schreibt im Jahr 1658:

> *Manche Autoren vertreten die Meinung, dass die Zeichen die gleiche Bedeutung haben in der Abfolge der Himmelshäuser, so dass Aries das Leben bezeichnet, Stier den Besitz, Zwillinge die Geschwister und kurze Reisen – alles weitere kennen Sie. Wahrlich, es ist meine Meinung, dass viele Autoren wundersame Dinge erfunden haben, und nachdem sie dies getan hatten, haben sie dies der Nachwelt als Wahrheit vorgesetzt. Diese wiederum hat es ohne weitere Erprobung übernommen und die Tradition in Plüsch und das arme Urteilsvermögen in Lumpen gekleidet. Ein Autor hat es so gesagt. Ergo ist dies wahr, ob richtig oder falsch.*[5]

[5] Nicholas Culpeper. *Semeiotica Uranica: Or an Astrological Judgement of Diseases from the Decumbiture of the Sick much Enlarged.* London 1658, Kapitel X, IV.

Ohne Rücksicht darauf, ob einige Astrologen es für nützlich halten, die Bedeutung von Zeichen und Häusern in dieser Weise anzuwenden, bleibt es eine historische Tatsache, dass sich die Bedeutung der Häuser nicht aus den Tierkreiszeichen heraus entwickelt hat, sondern dass die Zeichen angepasst und ausgeweitet wurden, um ihnen die Bedeutung der derjenigen Häuser einzuverleiben, die ihnen in der natürlichen Abfolge der Zeichen entsprechen. Wie wir anhand der Untersuchung der traditionellen Herrschaftsbezüge und der diesen zugrunde liegenden Prinzipien sehen werden, erlangten die Häuser ihre wesentlichen Deutungsinhalte durch die Eingliederung ganz anderer und sehr viel wichtigerer symbolischer Einflüsse. Ihnen ist eine wirkungsvolle Philosophie zu eigen, die wir sehr wohl erkennen dürften, wenn wir uns von vagen und unpräzisen Deutungsmöglichkeiten lösen und den Blick für zuverlässige und spezielle Details schärfen, die einen direkteren und praktischeren Wert haben.

Die zweite allgemein akzeptierte Theorie über die Entstehung der Häuserbedeutungen behauptet, dass sie das Ergebnis eines ursprünglichen „Lebenszyklus“ sind, der am Aszendenten beginnt und mit dem 12. Haus endet, wo wir uns zersetzen und in das Gefäß des Unbewussten auflösen, aus dem wir einst gekommen sind. Dieser Ansatz hat eine besonders populäre Anziehungskraft, da er eine psychologische oder spirituelle Wahrheit präsentiert und genügend unklar ist, um für jede aktive Imagination einen fruchtbaren Boden zu liefern. Diese Theorie wurde besonders von denjenigen Astrologen verfochten, die eine lockere Herangehensweise an Symbole bevorzugen, was eigentlich nur dann funktioniert, wenn man in der Lage ist, die traditionellen Herrscher in eine vollkommen neue Perspektive zu überführen. Howard Sasportas war ein berühmter Vertreter dieses Standpunktes. Er schreibt zum Beispiel in seinem Buch Häuser und Aszendenten, dass die Häuser ein Rad des Lebens darstellen, welches mit der Zählung der Häuser im Gegenuhrzeigersinn korrespondiert. Dies scheint mit den ersten Häusern auch gut zu funktionieren und wir erfahren: *„Das Aszendentenzeichen symbolisiert eine Facette* *der Gesamtheit des Lebens,* die *im eigentlichen Sinne des Wortes Verkörperung durch das sucht, was in diesem Augenblick geboren wird.*"[6] Das zweite Haus weist auf unsere „Beziehung zu allem, was mit Geld und Besitz zu tun hat, also auf unsere Einstellung gegenüber der materiellen Welt und den Bedingungen, die wir in diesem Bereich antreffen"[7], im dritten Haus entwickeln wir unser „Ego-Bewusstsein" usw.

Danach beginnt die Logik der Theorie abzudriften und bietet uns keine rationale Erklärung dafür, warum ausgerechnet das 8. Haus des Todes dem 10. Haus vorausgehen soll, welches mit Karriere und Berufung zu tun hat, oder warum das 5.Haus, dem Schwangerschaft und Kinder zugeordnet werden, dem 7. Haus von Partnerschaft und Ehe vorausgeht. Die Versuche, Tradition und die gegenwärtige Anwendung auszusöhnen, sind ausgeklügelt und Punkte, die dafür sprechen, werden mehr durch kreative Vermutungen als durch historische Forschung gerechtfertigt. Ich wiederhole, diese Theorie verlässt sich stark auf die modernen Herrscherzuordnungen, für die es im traditionellen System keinen Beleg gibt. Das führt zu immer weiterer Aushöhlung der traditionellen Häuserdeutung, anstatt die Hypothese tauglich zu machen.

Das erkennbare Versagen der derzeit vorherrschenden Theorien ist daran zu sehen, dass sie es vorziehen, die Deutungen, die während der gesamten Geschichte der Astrologie üblich und gängig waren, zu ignorieren. Um es passend zu machen, müssen wir unser Verständnis von den Deutungen zu etwas „entwickeln", das so ziemlich genau das Gegenteil von dem ist, was die Astrologen früherer Generationen zugelassen hätten.

„Schaden, Tod und Kummer", früher dem 8. Haus zugeordnet, nahm einen schnellen und dramatischen Entwicklungsweg und wurde zur „Transformation" und dadurch zur „Sexualkraft". Dadurch ging das traditionelle Empfinden für einen Niedergang verloren und eine starke Ausdruckskraft für neues Leben tritt an

---

[6] Howard Sasportas. *Astrologische Häuser und Aszendenten.* München 2000, S. 48.

[7] Ebenda, S. 59.

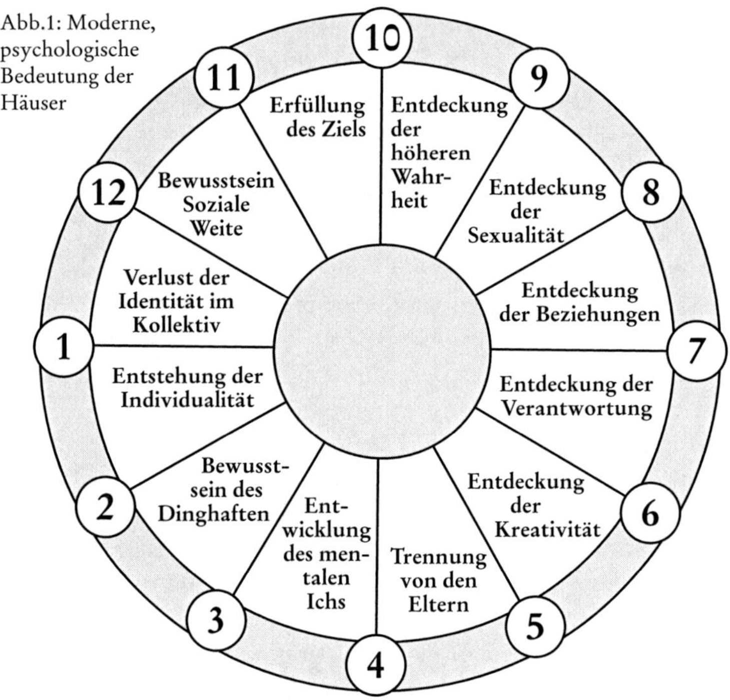

Abb.1: Moderne, psychologische Bedeutung der Häuser

dessen Stelle. Anstatt zu versuchen, die Grundlagen der Haussymbolik zu entwirren, indem man deren Ursprünge, Entwicklung und überlieferte Anwendung in Erwägung zieht, scheint es einfacher zu sein, die Einzelheiten zu verändern, damit diese zu den Erklärungen passen. Aber es ist einfach unmöglich, die Prinzipien zu verstehen, die in den Hausdeutungen verankert sind, ohne einen ernsthaften Versuch zu unternehmen, die symbolische Perspektive zu erforschen, aus der heraus sie sich entwickelten. In diesem Sinne ist es wesentlich, dass wir uns der Problematik nicht mit der Haltung des Astropsychologen des 20. Jahrhunderts nähern, sondern mit der Kenntnis der philosophischen und kulturellen Weltanschauung jener Zivilisationen, die diese entwickelt haben. Ich meine die alten Zivilisationen, in denen ein wirkungsvolles Verständnis der universellen und kosmischen Gesetze mythologisch ausgedrückt wurde, was wir erst heute zu schätzen beginnen. Dadurch vertiefen wir nicht nur unser praktisches Wissen von ihrer Bedeutung, sondern ergründen auch die tiefen Einsichten, durch welche die Alten erkannten, dass die Lebensreise durch kosmische Muster und Zyklen gespiegelt wurde.

Der Zweck dieses Buches liegt darin, zu zeigen, dass keine der derzeit gängigen Theorien über Tierkreiszeichen und psychologische Lebenskreise als historisch stimmig angesehen werden kann, und dass keine der Theorien einen vollen und zuverlässigen Einblick in die „Grundzüge" der Häuserdeutung gewährt. Ein Ziel des Buches ist es, wieder zur Kraft der traditionellen Perspektive zurückzufinden. In dieser Perspektive ist die astronomische und symbolische Würdigung der räumlichen Qualitäten in die Mitte unserer Kunst eingeschlossen, wie wir sie täglich in unserer Deutung der Häuser nutzen und die so selten unsere nachdenkliche Aufmerksamkeit und tiefe Achtung erfährt.

Einführung in die Teilung der Himmelssphäre

Leser, denen die traditionellen Techniken neu sind, werden die folgende Darstellung nützlich finden. Im Laufe des Buches werden wir darauf noch ausführlicher zu sprechen kommen. Verwendete Begriffe aus der traditionellen Astrologie werden bei ihrem erst-maligen Gebrauch erläutert und finden sich auch im Glossar (Anhang A).

Die Hemisphären

Die Himmelssphäre wird durch den Horizont in zwei Hälften geteilt.

Über der Erde: 7., 8., 9., 10., 11. und 12. Haus. Planeten in einem dieser Häuser kann man über dem Horizont sehen. Allgemein gilt

Abb. 2: Der Horizont

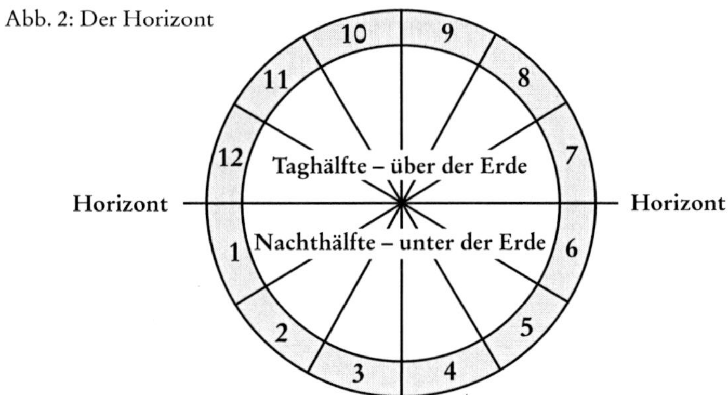

ihr Einfluss als aktiver, kräftiger und mehr nach außen gekehrt (oder sozial). Das 10. Haus, das in Verbindung mit der Himmelsmitte gesehen wird, wird ganz besonders als „über der Erde“ gesehen.

Diese Hemisphäre ist auch als „diurnale Hälfte oder Taghälfte“ bekannt. (Diurnal bedeutet „entsprechend der Qualität des Tages und ist dem männlichen Prinzip ähnlich, indem ein direkter Ausstoß an Energie und ein expressiver Einfluss suggeriert wird).

Unter der Erde: 1., 2., 3., 4., 5. und 6. Haus. Planeten in diesen Häusern kann man nicht sehen und sie liegen unter dem Horizont. Allgemein gilt ihr Einfluss als passiv, subtil, verborgen und mehr im privaten Erfahrungsbereich. Das 4. Haus wird mit dem Imum Coeli gleichgesetzt und manchmal auch als „unter der Erde“ bezeichnet.

Diese Hemisphäre ist auch als „nocturnale Hälfte“" bekannt. (Nocturnal bedeutet „die Qualität der Nacht“ und ist dem weiblichen Prinzip ähnlich, indem eine sich zurückziehende Energie suggeriert wird.)

Die Himmelssphäre wird weiterhin auch durch den Meridian in zwei Hälften geteilt.

Aufsteigende Hälfte. 1., 2., 3., 10., 11. und 12. Haus. Die Himmelssphäre scheint sich während ihrer Tagesbewegung um den scheinbar stillstehenden Standpunkt des Beobachters zu drehen. Planeten in diesen Häusern steigen auf in Richtung Himmelsmitte,

Abb. 3: Der Meridian

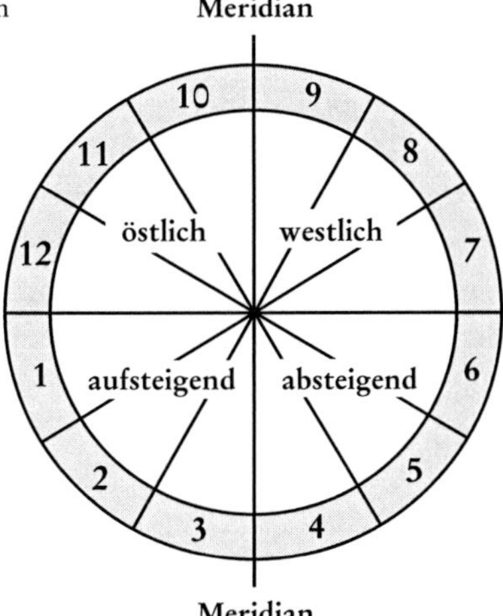

welche den höchsten Punkt bei ihrer täglichen Durchquerung des Himmels repräsentiert. Generell ist ihr Einfluss eher vital und auf die persönlichen Aktivitäten und Eigeninitiative ausgerichtet. Das 1. Haus, das auch mit dem Aszendenten gleichgesetzt wird, wird ausdrücklich als „aufsteigend" bezeichnet.

Diese Hälfte ist auch als „orientale Hälfte" (oriental im Sinne von östlich) bekannt, weil die Planeten im Osten über dem Horizont aufgehen. (Es gibt auch einen östlichen Quadranten – siehe unten). Da diese Hälfte mit den neu aufgestiegenen Planeten assoziiert wird,

gelten die als östlich gekennzeichneten Planeten als Hinweis auf Jugend, Dynamik und erneuerte Kraftquellen.

Absteigende Hälfte. 4., 5., 6., 7., 8. und 9. Haus. Die Planeten in dieser Hälfte haben ihren höchsten Punkt bereits überschritten und steigen nun in Richtung Imum Coeli ab, welches den tiefsten Punkt im Horoskop im täglichen Himmelslauf der Planeten repräsentiert. Generell gilt ihr Einfluss als schwächer, eher destruktiv oder feindselig, und bezieht sich auf Erfahrungen, in die jemand anderes verwickelt ist oder die von jemand anderem angeregt wurden. Das 7. Haus, das auch mit dem Deszendenten gleichgesetzt wird, wird ausdrücklich als „absteigend" bezeichnet.

Die Quadranten

Die Teilung der Himmelssphäre durch den Horizont und den Meridian ergibt vier Viertel oder Quadranten. Jeder Quadrant hat seine eigene Qualität und sein eigenes Temperament, was den Zyklus der täglich über die Achsen aufsteigenden und absteigenden Planeten mit den Jahreszeiten und den „Menschheitsaltern" verbindet.

Der Einfluss der Quadranten fungiert nur als ein Unterbau zu den Hausbedeutungen, jedoch wird die Vertrautheit mit den folgenden Prinzipien nützlich sein für das Verständnis der in diesem Buch vorgetragenen Argumente.

Abb. 4: Die Quadranten

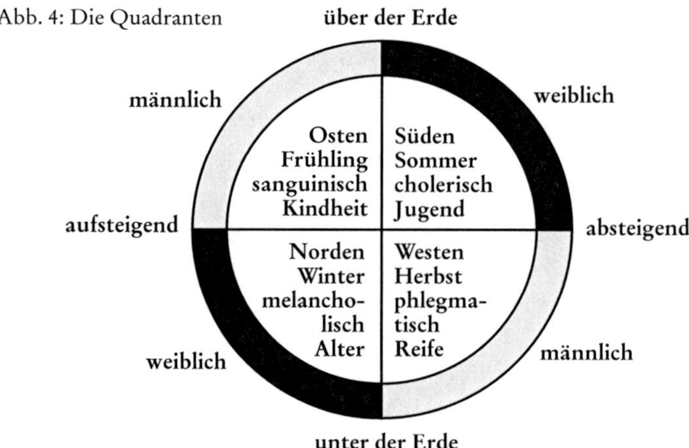

Der sanguinische Quadrant. Er befindet sich zwischen Aszendent und Himmelsmitte und umfasst das 10., 11. und 12. Haus. Man nennt ihn östlichen (oder orientalischen) Quadranten, weil er mit dem Aszendent beginnt, der die Ekliptik im Osten schneidet. Er wird als „männlich" klassifiziert und mit dem Vorgang des Aufstiegs assoziiert und deswegen symbolisch mit neuem Leben, aktivem Wachstum und Projekten im Anfangsstadium oder Personen in der Kindheit verknüpft. Bei den traditionellen Prognosetechniken werden Planeten in diesem Quadranten in Bezug zu jungen Menschen gesetzt oder sie beschleunigen die Auswirkungen der zeitlichen Abstimmung.[8] Aktives Wachsen und Sprießen werden auch dem Frühling zugeordnet, sowie dem die Gesundheit erhaltenden sanguinischen Körpersaft, dem Blut, das mit dem Element Luft gleichgesetzt wird. In Einklang mit seinem Körpersaft wird der Einfluss, den dieser Quadrant auf die Planeten ausübt, als „warm und feucht“ bezeichnet.

Der cholerische Quadrant. Er reicht von der Himmelsmitte bis zum Deszendenten und umfasst das 7., 8. und 9. Haus. Er wird als südlicher Quadrant bezeichnet, da er am Medium Coeli beginnt, welches die Ekliptik im Süden schneidet[9]. Er wird als „weiblich“ klassifiziert. Obwohl er schon zum Deszendenten hin absteigt befindet er sich immer noch in der Taghälfte und wird deswegen symbolisch mit Aktivität, offenem Ausdruck und der Zeit zwischen Jugend und Erwachsenenalter assoziiert. Da dieser Quadrant mit dem blühenden Leben verbunden ist, gehört zu ihm der Sommer und der Hitze erzeugende Körpersaft, der mit dem Feuer zu tun hat. In Einklang mit seinem Körpersaft wird der Einfluss, den dieser Quadrant auf die Planeten ausübt, als „heiß und trocken“ bezeichnet.

Der phlegmatische Quadrant. Dieser befindet sich zwischen Deszendent und Imum Coeli und umfasst das 4., 5. und 6. Haus. Man bezeichnet ihn als den westlichen Quadranten, denn er beginnt am Deszendenten, der die Ekliptik im Westen schneidet. Er wird als „männlich“ klassifiziert und wird mit dem Lebensabschnitt

---

[8] William Lilly gibt in seinem Buch *Christliche Astrologie* (Tübingen 2007) viele Hinweise auf die Quadranten. Auf Seite 162 f. skizziert er deren Rolle bei der zeitlichen Bestimmung von Ereignissen und regt an, jedem Haus einen Zeitraum von fünf Jahren zuzuschreiben. Ein Signifikator im 12. Haus bedeutet fünf Jahre, ein Signifikator im 11. Haus 10 Jahre, ein Signifikator im 10. Haus 15 Jahre usw. Auf Seite 212 beschreibt er ein Beispiel, bei dem die meisten Signifikatoren im östlichen Quadranten stehen und kommt zu dem Urteil, dass sich die Dinge innerhalb „ein kurzen Zeitspanne, nachdem die Frage gestellt wurde“ entwickeln werden.

[9] Dies trifft so für die nördliche Hemisphäre zu, in der die Astrologie entwickelt wurde. Auf der Südhalbkugel schneidet das MC die Ekliptik im Norden, das IC im Süden. Vgl. für weitere Einzelheiten der Häuseraufteilung in Kapitel 8!

zwischen Erwachsensein und Alter assoziiert. Er steht im Bezug zum Herbst und dem ausscheidenden Körpersaft, der dem Element Wasser entspricht. Folglich wird sein Einfluss als „kalt und nass" definiert.

Der melancholische Quadrant. Dieser beginnt beim Imum Coeli und steigt auf zum Aszendenten. Er umfasst das 1., 2. und 3. Haus. Er wird als „nördlich" bezeichnet, weil er am IC beginnt, welches die Ekliptik im Norden schneidet. Er wird als „weiblich" klassifiziert und mit der Lebensphase des hohen Alters assoziiert. (Manche sagen auch, er bezeichne die Phase zwischen Tod und Wiedergeburt). Er steht im Bezug zum Winter und dem bindenden melancholischen Körpersaft, der auch mit dem Element Erde gleichgesetzt wird. Sein Einfluss ist „kalt und trocken."

Abb. 5: Eckhaus – nachfolgendes Haus – fallendes Haus

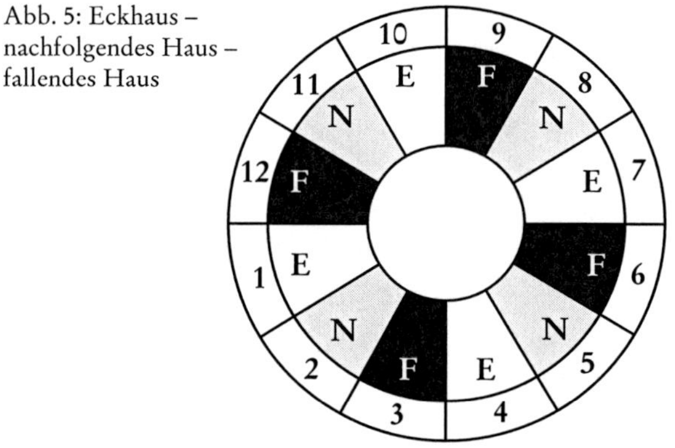

Die Eckstellung

Aus der obigen Darstellung wird ersichtlich, dass die Kardinalpunkte die Einflüsse und die jeweilige Qualität der räumlichen Einteilung definieren. Der Abstand der Häuser von den Kardinalpunkten und die daraus abgeleitete Einteilung in kardinale, nachfolgende und fallende Häuser ist eine wichtige Grundlage bei der Deutung.

Eckhäuser: 1., 4., 7. und 10. Haus – die einflussreichsten Häuser, in denen die Planeten besonders stark stehen. Diese werden so genannt, weil sie an den Kardinalpunkten stehen.

Nachfolgende oder sukzedente Häuser: 2., 5., 8. und 11. Haus. Häuser mit einem dazwischenliegenden Stärkegrad. Diese werden so genannt, weil sie in der Tagesbewegung der Himmelssphäre auf die kardinalen Häuser folgen.

Fallende oder kadente Häuser: 3., 6., 9. und 12.Haus. Die schwächsten Häuser, in denen die Planeteneinflüsse als schwach und erschöpft gelten. Man nennt sie so, weil sie in der Tagesbewegung der Himmelsphäre von den Ecken "wegfallen". Das bedeutet, Planeten im 3. Haus haben sich zuvor durch das 4. Haus bewegt, in dem ihre Wirkung sehr stark war. Und nun sind sie noch sehr weit entfernt von der nächsten Ecke, dem Aszendenten.

Stärken der Häuser: Obwohl es kleinere Unterschiede in der Gewichtung bei den verschiedenen Autoren gibt, staffelt sich die Wirksamkeit der Planeten wie folgt:

1. Haus – 10. Haus – 7. Haus – 4. Haus – 11. Haus – 5. Haus – 9. Haus – 3. Haus – 2. Haus – 8. Haus – 6. Haus – 12. Haus.

Planeten kommen demnach im 1., 7. und 10. Haus besonders stark zum Ausdruck. Im 8. Haus, 6. Haus und im 12. Haus sind sie besonders schwach.

Die Freuden

Jeder der sieben sichtbaren Planeten hat eine besondere Beziehung zu jeweils einem Haus, in dem er besonders stark steht. Man sagt, die Planeten „erfreuen“ sich an diesen Orten, da diese Häuser eine

Umgebung bieten, die für den natürlichen Einfluss des jeweiligen Planeten angemessen und unterstützend ist.

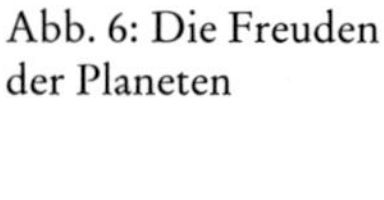

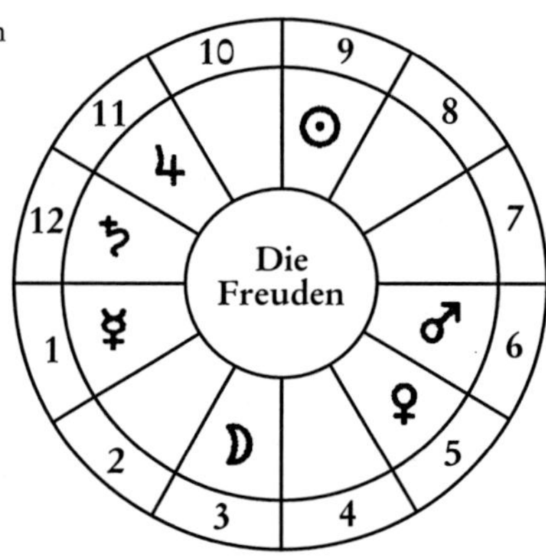

Abb. 6: Die Freuden der Planeten

Ein historischer Überblick

Mit solcher Beschaffenheit musst Du dir die Kräfte der Häuser notieren; die Kette der Zeichen eilt da hindurch und empfängt und vergibt auch an jene das jeweils eigene Gesetz; die Planeten durchziehen sie in festester Ordnung wie die Natur sie vorgibt, und bewirken der Häuser verschiedene Wirkung, sowie sie fremde Herrschaftsgebiete besetzen und dann als fremde Gestirne ein fremdes Lager beziehen.

Manilius[10]

Die Debatte darüber, wann die Astrologie sich als formalisiertes Himmelsstudium entwickelt hat, ist noch nicht abgeschlossen. Ohne Zweifel hat die Beobachtung von Sonne, Mond und Sterne unsere Aufmerksamkeit schon seit den Anfängen des menschlichen Verstandes gefangen genommen. Die uns bekannten ältesten Aufzeichnungen von einer andeutungsweise organisch aufgebauten Astrologie sind die *Venus-Tafeln von Ammi-saduqa*[11], die ungefähr um 1600 v. Chr. entstanden sind. Einige Gelehrte gehen davon aus, dass es sich dabei um Kopien älterer Texte handelt, die während der Herrschaft des babylonischen Königs Sargon von Akkad (2371 – 2230 v. Chr.) entstanden sind. Von Sargon heißt es, dass er Astrologen beschäftigte, die ihm die besten Zeitpunkte für seine Projekte nennen sollten. Dies war annähernd zu jener Zeit, als die Pyramiden erbaut wurden, und man muss darauf hinweisen, dass diese alten Kulturen mathematische und astronomische Weiterent-

[10] Manilius. *Buch II, 958*. S. 187f.

[11] Hierbei handelt es sich um babylonische Keilschrifttafeln, auf denen die Sichtbarkeit der Venus über 21 Jahre festgehalten wurde.

wicklungen in Gang gebracht haben, die für die nächsten 3000 Jahre in Europa beispiellos waren.

Im Gegensatz zu der lange vorherrschenden Meinung, dass die alten Ägypter die Astrologie entwickelt hätten, die zum Vermächtnis der hellenistischen Welt wurde, lässt sich heute schwerlich beweisen, dass die klassischen Astrologen Techniken verwendet hätten, die in Ägypten schon vor dem 4. Jahrhundert vor Christus bekannt waren. Die alten Ägypter zeigten zwar wohl scharfe Aufmerksamkeit für himmlische Zyklen und Ereignisse, denn ein Großteil ihrer Religion und Mythologie gründete sich auf den Himmel, und es gibt eindeutige Anzeichen, die belegen, dass ihre Gebäude und Tempel eine verschlüsselte astrologische Symbolik enthalten. Aber der Schwerpunkt ihres Interesses lag eindeutig bei Fixstern-Konstellationen, und diese hatten ganz offensichtlich weniger mit einer systematischen Planetenbeobachtung auf dem Niveau zu tun, wie man es in Mesopotamien findet.

In Mesopotamien begegnet uns viel eher der zutreffende Befund für die Verwendung astrologischer Techniken, die bis in unsere Zeit überdauert haben. Die Astrologie der Babylonier basierte ihrem Wesen nach auf Beobachtung und war der Leberschau ganz ähnlich. Diese war eine sehr alte Divinationsmethode, die in der Zeit Babyloniens (1900 – 1600 v. Chr.) nachgewiesen ist. Hierbei wurde die Leber eines Tieres untersucht, und aus deren Form, Farbe, charakteristischer Besonderheit, Feuchtigkeitsgehalt, Reinheit, Gewebeveränderung und aus der Anzahl der Verunstaltungen wurde eine Bedeutung abgeleitet. Eine ähnliche Vorgehensweise, auf den Himmel übertragen, wurde zur Grundlage für die Astrologie. Die Bedeutung eines Sterns oder Planeten wurde aus seiner Farbe, Helligkeit, Geschwindigkeit, Himmelsposition und aus allgemeinen physikalischen Phänomenen abgeleitet. Die Planetenbewegung wurde in Beziehung gesetzt zu den vier Kardinalpunkten und im Sinne der Himmelsrichtungen Ost, West, Nord oder Süd beschrieben; oben oder unten; links oder rechts. Jede Ortung hatte ihre eigene Bedeutung. Eine babylonische Regel besagte: „Was rechts von mir ist, gehört mir, was links von mir ist, kommt vom Feind."

Ganz ähnlich wurde der Osten als eine günstige, vertraute Position angesehen, während der Westen mit Feindseligkeiten und Gegnern assoziiert wurde. Die Götter der Erde und der Natur wurden mit dem Süden in Zusammenhang gebracht, die Götter der Hölle wurden dem Norden zugeordnet. Nord-West war die unheilvollste Himmelsrichtung von allen. Ungefähr 1000 v. Chr. wurde in Mesopotamien ein detaillierter Sternenkatalog zusammengestellt, und ab dem 6. Jahrhundert vor Christus haben wir den Nachweis über die Einführung des Tierkreises als eine Methode zur verfeinerten Messung der Planetenpositionen. Es fehlt uns allerdings ein Hinweis darauf, dass damals schon Häuser verwendet wurden. Den ersten Beleg darüber haben wir erst aus der Zeit kurz bevor das Christentum heraufdämmerte.

Die meisten Forscher gehen davon aus, dass die Häuser etwa zu der Zeit entwickelt wurden, als man anfing, den Aszendenten in den Horoskopen zu markieren. Die ersten uns bekannten Beispiele datieren aus dem 1. Jahrhundert nach Christus.[12] Man sollte jedoch berücksichtigen, dass es damals gängige Praxis war, Horoskope auf leicht verderblichen Papyri festzuhalten, was erklären kann, dass nur zwei ähnliche Horoskope aus früherer Zeit gefunden wurden. Insofern ist die Zuverlässigkeit dieser Aussage durchaus bezweifelbar. Wir wissen, dass der östliche Horizont schon lange, bevor Tierkreisgrade benutzt wurden, anhand eines bestimmten Sterns oder einer Konstellation markiert wurde. Wir wissen ferner, dass in Mesopotamien bei allen Divinationstechniken ein großes Gewicht auf die Orientierung und die Einteilung des Raumes gelegt wurde. Das Grundvertrauen in die Aufgänge und Untergänge der Sterne am Horizont lässt keinen Zweifel daran aufkommen, dass die Kardinalpunkte immer eine zentrale Stütze bei der astrologischen Deutung waren, und niemals so sehr wie in der Astrologie der Antike wurden die wichtigsten Ereignisse im Zusammenhang

[12] O. Neugebauer und H. B. van Hoesen. *Greek Horoscopes*. Philadelphia 1959, S. 18. Sie stellen fest, dass literarische Quellen schon ein früheres Datum für die Einführung des Aszendenten festlegen.

mit diesen bezeugt. Dies tritt ganz deutlich in der ägyptischen Kosmologie hervor, wo immer wieder auf die „beiden Horizonte“ Bezug genommen wird ebenso wie auf die vier Kardinalpunkte, von denen jeder unter den Schutz eines eigenen Gottes fällt und dem jeweils eine große Bedeutung in allen Angelegenheiten von Leben und Tod zufällt. Es wäre logisch anzunehmen, dass eine strukturierte Himmelseinteilung schon lange vor dem uns zugänglichen Datum bekannt war, sowohl zur astronomischen Beobachtung als auch für mystische und symbolische Zwecke. Bei den Beispielen mit einem ähnlichen Zugang zur räumlichen Analyse wie etwa bei der Leberschau gibt es bemerkenswerte Unterschiede zur astrologischen Häuserteilung, wie wir noch sehen werden. Vor allem die Anzahl der Einteilungen und die zugeschriebenen Attribute und Götter sind unterschiedlich. Es besteht jedoch eine gewisse Konsistenz in den Grundprinzipien, die den räumlichen Qualitäten und Orientierungen wie links und rechts oder östlich und westlich zugewiesen werden. Die inhärenten Eigenschaften sind gleich wie bei den Ägyptern, den Pythagoreern und bei allen anderen bedeutsamen antiken Philosophien. Östlich und rechts wird mit auf den Tag bezogenen (diurnalen) und maskulinen Qualitäten assoziiert, während links und westlich als nächtlich und weiblich gilt.

Die bei der Leberschau verwendeten Techniken demonstrieren dieses universelle Verständnis. Die Symbolik muss auf einer gewissen Ebene in Bezug zu der körperlich-physikalischen Ebene stehen. Hier gibt es eine Folgerichtigkeit, denn die den Richtungen zugeschriebenen Bedeutungen werden durch meteorologische Einflüsse festgelegt, die der Natur unserer physikalischen Umgebung aufgezwungen werden. Grundsätzlich beruhen diese auf den wechselnden Zyklen von Hell und Dunkel, welche die Extreme von Tag und Nacht oder Sommer und Winter hervorrufen und Verbindungen zu den Polaritäten Aktivität und Empfänglichkeit, Wachstum und Zerfall herstellen. Damit kann man die symbolische Erkenntnis von Licht und Farbe, Form und Zahl sowie Geschwindigkeit und Richtung als ungebrochene Tradition bezeugen, die alle antiken Divinationstechniken untermauert und die auch die astrologische Phi-

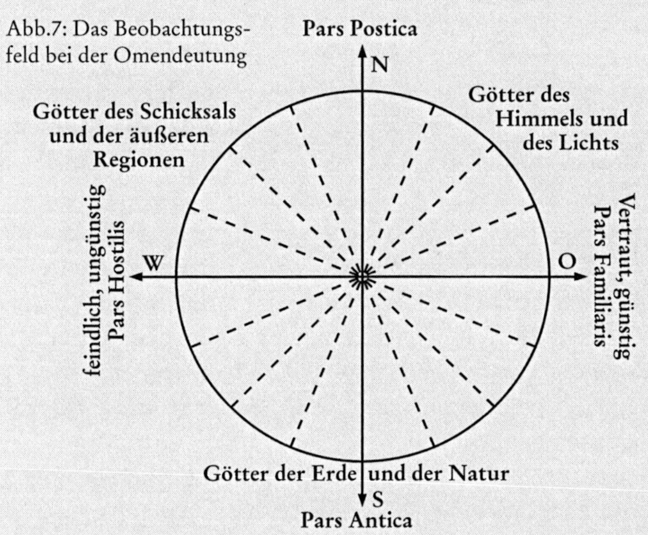

Abb.7: Das Beobachtungsfeld bei der Omendeutung

Die oben stehende Abbildung geht auf ein Bild zur „Aufteilung des heiligen Ortes“ zurück. Es zeigt das Modell einer Leberschau nach alter mesopotamischer Tradition. Zur Deutung teilt der Augur das Beobachtungsfeld in vier Abschnitte ein. Rechts finden sich gute Einflüsse, links ungünstige. Partes Antica bezeichnet. Innerhalb der 16 Abschnitte werden die Namen verschiedener Götter genannt, die über die den Unterteilungen zugeordneten Angelegenheiten herrschen. Der Autor, Jack Lindsay, schreibt: „(Sie) hatten ein streng durchkomponiertes System von Himmel-Erde Korrespondenzen, bei dem der räumlichen Ausrichtung und Aufteilung große Bedeutung zugemessen wurde. ... Die Richtung wurde durch die vier Kardinalpunkte festgelegt, die jeweils durch zwei gerade Linien unterteilt wurden: die Nord-Süd-Linie, die man cardo nannte und die Ost-West-Line namens decumanus“.

Aus: Jack Lindsay. *Origins of Astrology*, (London 1971, S. 18) losophie der Aspekte und Planetenbedeutungen unterstützt. Auf die besondere Bedeutung von Orten und Richtungen werden wir im folgenden Kapitel näher eingehen und sie aus der Perspektive der ägyptischen Mystik untersuchen. Ohne Zweifel repräsentieren Orte und Richtungen die wichtigste Grundlage für die Qualitäten, die man den kardinalen Richtungen zuschreibt, aus denen sich die speziellen Häuserdeutungen entwickelten.

Während die Frage, inwieweit die alten Ägypter direkt die Wurzeln für die Tradition der westlichen Astrologie legten, ein kontroverses Thema bleibt, können wir doch immerhin sicher sein, dass ihre Auffassung von den Eigenschaften der Himmelsrichtungen die Standpunkte der mesopotamischen und anderer früherer Kulturen widerspiegelt. Wir können ferner sicher sein, dass diese allgemein anerkannte und universelle Perspektive die erste Grundlage für das bildete, woraus später die hellenistische Astrologie hervorging. 331 v. Chr. hatte Alexander der Große Kleinasien, Syrien, Ägypten und Mesopotamien erobert und die gesamte Region überrannt, um sie dem aufblühenden griechischen Reich einzuverleiben. Viele Priesterkollegien entlang des Euphrats wurden durch die Invasion zerstört, was viele Priester zwang, ihr Wissen nach Westen zu bringen. Die Griechen richteten wichtige Bildungszentren in Athen, Babylon und Alexandria ein, jener Stadt, die Alexander an der Mündung des Nils gründete. In diesen Zentren konnten die antiken Philosophen direkt Einfluss aufeinander nehmen, und sie schufen ein interkulturelles geistiges Zentrum, welches die spätere Entwicklung der Wissenschaft einschließlich der Astrologie mit Nahrung versorgte.

Nach dem Zusammenbruch Mesopotamiens erschlossen die siegreichen Griechen viele der metaphysischen und wissenschaftlichen Fortschritte, vermischten diese mit den Errungenschaften Ägyptens und fügten ihre eigenen Erkenntnisse hinzu. Damit schufen sie ein philosophisches Paket, welches die Weisheit des Ostens in das Erbe der modernen westlichen Welt einbezog. Besonders Alexandria spielte bei der Entwicklung der Astrologie eine bedeutende Rolle, vornehmlich wegen seiner immensen Bibliothek, welche 500.000 Manuskriptrollen archivierte. Gelehrte hatten hier freien Zutritt und konnten auf unbestimmte Zeit studieren, was mit königlichem Vermögen gefördert wurde, eine Tradition die aufrechterhalten wurde, als die Stadt später unter die Herrschaft Roms fiel. Viele verschiedene Gelehrte wie Ptolemäus oder Vettius Valens lebten und wirkten hier, und in Alexandria wurden die meisten astrologischen Daten gesammelt, ausgewertet und wieder in Umlauf gebracht. Dies geschah mit dem großen Wunsch, die mystischen Prinzipien beizubehalten, mit denen die älteren Zivilisationen Ägyptens ihre wissenschaftlichen Geheimnisse maskiert hatten und mit denen sie gewaltige Höhen erreicht hatten.

Um das Jahr 150 vor Christus entstand das Nechepso und Petosiris zugeschriebene Werk in Alexandrien, eine Abhandlung, auf der viele spätere astrologische Werke aufbauten. Eine andere Zusammenstellung alter Texte zu Astrologie, Magie und Alchemie ist das um 150 nach Christus in Alexandria entstandene *Corpus Hermeticum*. Hier wurde der griechische Gott Hermes, der nie zuvor mit Lernen oder Philosophie gleichgesetzt worden war, mit den Attributen des ägyptischen Thot und des Nabu, dem babylonischen Gott der Divination und des Wissens, das vom Planeten Merkur repräsentiert wurde, geehrt Hermes wurde in allen Kulturen als der Gott des Lernens und der Weisheit verehrt, und man erkor man ihn zum „dreifach großen Hermes" – ein Name, der auch assoziiert, dass man einen Gott dreimal anrufen sollte. Das *Corpus Hermeticum* genießt den Ruf, direkt auf den Lehren Thots zu basieren, aber tatsächlich enthält es wesentlich weniger alte ägyptische Quellen, als man einst annahm. Es ist eindeutig von graeco-romanischen Ideen geprägt. Die Bereitschaft der alten Autoren, es den Ägyptern zuzuschreiben, sollte ein Zeichen für den Respekt sein, den man dieser alten Kultur zollte und zugleich ein Hinweis darauf, wie leidenschaftlich die Griechen daran arbeiteten, den vorhandenen ägyptischen Mystizismus in ihre eigenen philosophischen Studien einzugliedern.

Ungeachtet der Kontroverse, wann und in welchem Ausmaß die alten Ägypter einen Beitrag zur astrologischen Philosophie geleistet haben, müssen wir anerkennen, dass viele der Prinzipien der antiken Astrologie (wie die Grenzen, Gesichter, Planetenstunden,

Verbrennung, via combusta usw.) ein Vermächtnis der ägyptischen Weltanschauung sind. Im folgenden Kapitel werden wir sehen, dass dies auch auf die ersten Ansätze der Hausdeutungen zutrifft.

Ein eindeutiger Beleg für die Verwendung von Häusern bei Horoskopdeutungen lässt sich auf das Jahr 22 nach Christus datieren. In dem frühesten uns noch erhalten astrologischen Buch, der *Astronomica* des Manilius, das ungefähr im Jahr 10 nach Christus geschrieben wurde, finden wir die erste Beschreibung ihrer Bedeutung[13]. Manilius zeigt ausreichendes Selbstvertrauen bei seinen Beschreibungen, so dass man annehmen darf, dass er eher die allgemein gängige Meinung seiner Zeit weitergab als eine neue Technik. Dagegen gestattet seine Bezugnahme auf die Mythologie älterer Zivilisationen die glaubwürdige Theorie, dass die Bedeutung der Häuser unter dem Einfluss Alexandrias etabliert wurde. Demnach ist eine nähere Betrachtung der ägyptischen Symbolik der geeignete Ort, um die Suche nach den Grundprinzipien der Häuser zu beginnen.

---

[13] Manilius. *Buch II*, 788. S. 171.

Die Kardinalpunkte und die Bedeutsamkeit der solaren Philosophie Ägyptens

Weiter erhebt sich nach jenem als dritter der Hauptpunkt, der in sich jenen strahlenden Aufgang enthält, wo die Sterne erstehen, wo die Rückkehr des Tages erfolgt und die Teilung in Stunden; deshalb nennen ihn Horoskop die griechischen Städte und er will nicht übersetzt sein, weil er den Fachausdruck gern hört. Dieser entscheidet den Lebensverlauf, bestimmt den Charakter .....

Manilius[14]

Die Ägypter glaubten zutiefst an Reinkarnation und hielten den körperlichen Tod lediglich für einen Übergangsprozess im fortschreitenden Zyklus des Lebens. Sie verstanden den Tageslauf der Sonne als eine Reise, bei der der Sonnengott täglich einen Zyklus von Tod und Wiedergeburt durchschritt: Er starb abends beim Untergang der Sonne und wurde am Morgen bei Sonnenaufgang wiedergeboren.

Ebenso wie der sichtbare Tod von Sonne, Mond und Sternen eintrat, wenn diese im Westen unter den Horizont fielen, glaubten man in Ägypten, dass die Seele nach Westen gezogen wurde und den Sternen folgte, wenn sie den Körper beim Tod verließ. Infolgedessen erhielt der westliche Horizont eine mythologische Verbindung mit allen Gesichtspunkten von Tod, Schwäche, Untergang und

[14] Manilius. *II, 826*. S. 175.

Rückzug. Der Westen war auch als Amentat bekannt, was soviel bedeutet wie „Ort der Ruhe“, „Tod“ oder „die Pforte zum Duat“ und als eine Widerspiegelung dieses Glaubens wurden beinahe alle Pyramiden und königlichen Gräber am Westufer des Nil angelegt. Im Gegensatz dazu wurde der Osten mit dem Beginn und der Erneuerung der Lebenskraft assoziiert. Alte ägyptische Darstellungen des Sonnenlaufes über den Himmel zeigen den Sonnengott, der mit fortschreitender Tageszeit altert oder der in unterschiedlichen Booten reist und auf jedem Abschnitt der Reise die Gestalt eines anderen Gottes annimmt. Khepri (was „Anfang“ bedeutet) am Morgen, Ra („strahlender Glanz“) am Mittag und Atum („vollkommen“) oder Amun bzw Amen („verborgen“) am Abend.

Abb.8: Der Sonnenlauf im alten Ägypten

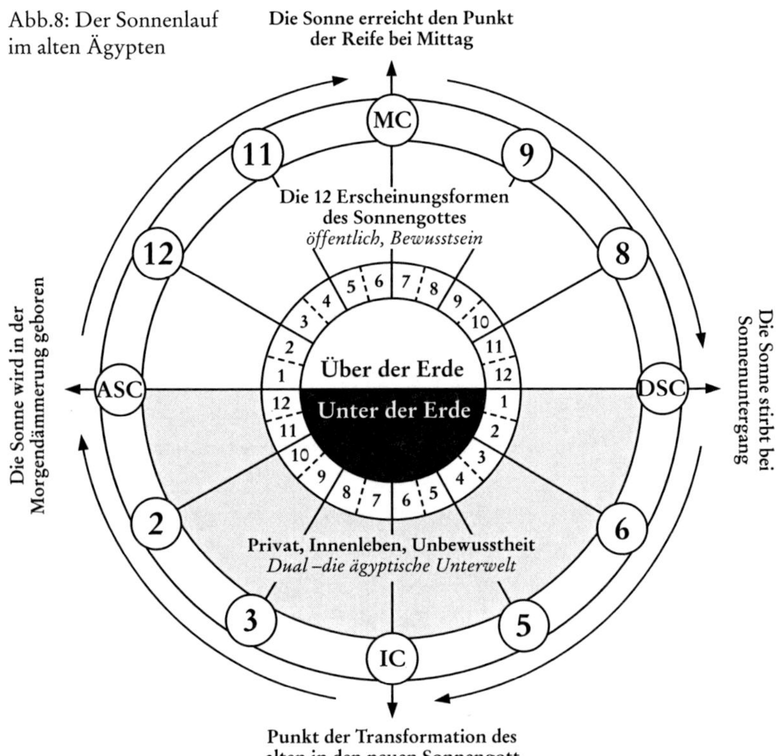

Duat war der ägyptische Begriff für die Unterwelt. Diese bildete die verborgene Hemisphäre unterhalb der Erde, welche den Westen wieder mit dem Osten vereinigte. Während der Sonnengott seine Reise durch die Unterwelt fortsetzte wurde sein Zyklus der Transformation in der Mitte des Duat vollendet: dem Nadir des Himmels, den er in der Mitte der Nacht erreichte. Hier löste der vollkommene Sonnengott eine neue Manifestation aus und wurde in ein sich entwickelndes Kind verwandelt, das bereit war, bei Sonnenaufgang erneut geboren zu werden. Aufgrund dieser Vorstellung verbinden verschiedene abergläubische Bräuche und Sitten die kardinalen Richtungen Osten mit dem Leben, Süden mit Kraft und Erfüllung, Westen mit Tod und den Norden mit der Unterwelt. Im mittelalterlichen England wurde Hinrichtungsstätten generell im Westen der Stadt angelegt, und die Gräber wurden nach Osten ausgerichtet, so dass sie nach der aufgehenden Sonne blickten. Friedhöfe wurden an der Ost- oder Südseite der Kirche angelegt. Lediglich Kriminelle und ungetaufte Kinder wurden im Norden vergraben, denn diese lagen im Schatten der Kirche und man nahm an, dass die „dunklen Geister“ hier leichter Einzug halten konnten.

Die untere Himmelsmitte (IC): 4. Haus

Die Unterwelt im alten Ägypten darf man allerdings nicht mit der Hölle des mittelalterlichen Christentums gleichsetzen. In Ägypten galt der Tod nicht als das Ende des Lebens, sondern als ein Übergangsstadium, als eine Periode der Reinigung, Ruhe und Erneuerung. In der antiken Philosophie repräsentieren die „unteren Tiefen“ die spirituelle Quelle, den universellen Ursprung, aus dem wir kommen und zu dem wir letzten Endes wieder zurückkehren. Entsprechend ist das 4. Haus astrologisch „dem Anfang und Ende aller

Dinge“, den „Eltern“ und der „Herkunft“ verbunden. Manilius schrieb, dass dieses Haus den Urgrund aller Dinge regiert und den tiefsten Bereich der Unterwelt symbolisiert. Es verweist auf all das, was von den „Eingeweiden der Erde“ entspringt, zu diesen gehört oder dort angesiedelt ist. Folglich ist das 4. Haus mit Mineralien und den natürlichen Ressourcen der Erde wie Kohle, Erzen oder Öl in Verbindung zu sehen, ebenso mit dem Bergbau. Da sich das 4. Haus auf die tiefsten Abgründe und all das erstreckt, was in der Erde verborgen ist, erlangte es auch die astrologische Herrschaft über Gräber, vergrabene Schätze und Wohlstand aus verborgenen Quellen. Es symbolisiert auch das Ertrinken, aber auch die Mittel, mit denen wir die Vergangenheit oder die verdeckten Wurzeln der Gegenwart erforschen. Selbstverständlich steht es auch für den Untergrund als solchen mit allen damit verbundenen Assoziationen an Schwäche, Tod, die Alten oder die ganz Jungen. In der Antike bedeutete es auch die Eltern, im Mittelalter repräsentierte es etwas eingegrenzter den Vater, von dem aus die genealogische Linie gezogen wird. Generell ist es mit den Vorfahren, den Großeltern, dem Familienbesitz, geerbtem Wohlstand und Grundbesitz verbunden. Wie in der ägyptischen Symbolik ist es die Rückkehr zu der Quelle sowie Anfang und Ende des Lebens – der endgültige Abschluss, aber auch der Same aller zukünftigen Möglichkeiten.

Die Auflistung unten umreißt die klassischen Zuordnungen zu den Häusern. Besonders hingewiesen werden sollte auf Manilius[15], da er ein sehr altes Verständnis der Hausbedeutungen darlegt, aber auch auf Firmicus[16], der gegen Ende der klassischen Periode lebte und folglich für einen späteren Zugang steht. Auch andere Standpunkte aus der klassischen Periode werden noch einbezogen, die vorwiegend aus Greek Horoscopes von Neugebauer und Van-

[15] Manilius. *Astronomia – Astrologia*. Stuttgart 1990.

[16] Julius Firmicus Maternus. *Die acht Bücher des Wissens – Matheseos Libri VIII*. Tübingen 2009.

[17] O. Neugebauer und H. B. van Hoesen. *Greek Horoscopes*. Philadelphia 1959.

Hoesen[17] stammen. Zum Vergleich habe ich auch die Gedanken von Al-Biruni[18], William Lilly[19] und einige moderne Deutungen hinzugenommen.

Deutungen des 4. Hauses

Manilius: Die Grundlage aller Dinge; Wohlstand; Erzbergbau und Gewinn aus verborgenen Quellen; Väter und die Misere der Alten. Der Tempel des Saturn.

Andere Klassiker: Eltern; Kindern; Geister; Leben im Tempel; Ansehen.

Firmicus: Eltern; Familienbesitz; Substanz; Besitztümer; Haushaltswaren; alles, was mit verstecktem und nicht zurückerlangtem Besitz zu tun hat. Kardinal.

Al-Biruni: Eltern; Großeltern; Nachkommen; Besitz; Felder; Wasserversorgung; was auf den Tod folgt und was den Toten geschieht.

Lilly: Väter; Ländereien; Häuser; Wohnhäuser; Erbe (Vaterschaft); Landwirtschaft und Bodenbestellung; verborgene Schätze; Abgrenzung oder das Ende von etwas.

Modern: Anfang und Ende des Lebens; Eltern; die Mutter (sagen manche); das Heim; Häuser; Land; Privatleben; Versteckte Emotionen.

---

[18] Al-Biruni. *The Book of Instructions in the Element of the Art of Astrology*. London 1934.
[19] William Lilly. *Christliche Astrologie. 2 Bände*. Tübingen 2007 und 2008.

Der Aszendent(AC): 1. Haus

Der Aszendent bezeichnet den Punkt des „Lebens", denn die Sonne geht hier jeden Morgen auf und verteilt ihre lebensspendenden Kräfte des Lichts und der Wärme an die Welt. Traditionelle Beschreibungen des Aszendenten behaupten, dass er „Leben, die Bildung des Charakters und die Erscheinung" repräsentiert. Er bedeutet unser Erscheinen in der Welt und da das Leben einen Körper erfordert, dem es innewohnen kann, beschreibt der Aszendent diesen. Es ist unsere Erscheinung und der äußere Ausdruck unseres Seins. Beides wird durch unsere Physiognomie zusammengebunden, in der sich der Charakter enthüllt.

Deutungen des 1. Hauses

Manilius: Leben und die Bildung des Charakters; die ersten Jahre; Erziehung; das Schicksal der Kinder und die Gebete der Eltern; Beruf; der Erfolg von Unternehmungen. Der Tempel des Merkur.

Andere Klassiker: Leben; Körper; Charakter; Geist.

Firmicus: Leben und der Lebensgeist des Menschen; Grundcharakter und Grundstein der Gesamtpersönlichkeit; Kardinal.

Al-Biruni: Seele; Leben; Länge des Lebens; Erziehung; Heimatland.

Lilly: Leben; Gesundheit und Vitalität; Form und Gestalt des Körpers.

Modern: Persönlichkeit; das Image, das wir projizieren; das äußere Verhalten; Gesundheit; Disposition und Manieren.

Viele klassische Astrologen setzten den Aszendenten in Bezug zu den intellektuellen Fähigkeiten und dem Grundcharakter. Er zeigt auch den Gesundheitszustand und den „Lebensgeist“ an: ob wir die Willensstärke und Vitalität haben, die man benötigt, um Behinderungen und Krankheiten zu überwinden. Die Farbe Weiß wird wegen dem Sonnenlicht dem 1. Haus zugewiesen (Lilly vermerkt, dass der Signifikator für einen verlorenen Gegenstand im 1. Haus ein Objekt von weißer oder heller Farbe beschreibt. [20]). Da Licht symbolisch für das Leben steht, hängen die Kennzeichen der anderen Häuser zu einem gewissen Grad von ihrer Fähigkeit ab, ob sie aufgrund ihrer Aspektverbindung zum Aszendent einen Zugang zu dessen lebenserhaltenden Fähigkeiten haben.

Die Himmelsmitte (MC): 10. Haus

Sobald die Sonne sich der Himmelsmitte nähert, erreicht sie maximale Kraft und Pracht ihrer Strahlen. Entsprechend bezeichnet das 10. Haus den Status, die Reputation und die Stellung, die wir im Leben anstreben. Manilius nannte es „das Bollwerk des Himmels“ und bezeichnete es als den Tempel des „Ruhms“, „der Würde“, „der Ehre“ und „der Vollendung“.

Anerkennung, Ansehen und Liebe beim Volk vergibt er,
Richter zu sein auf dem Forum, die Welt durch Gesetze zu ordnen, Wie auch entlegenste Völker nach seinen Verträgen zu binden.
Und seinem Rang entsprechend den Titel von jedem zu mehren.[21]

[20] William Lilly. *Christliche Astrologie Bd. 1*. Tübingen 2007, S. 71.
[21] Manilius. *II*, 815. S.173.

Als der höchste Punkt des Horoskops zeigt das 10. Haus die Aspekte unserer Persönlichkeit, die wir in der Öffentlichkeit offenbaren – unser „professionelles" Selbst. Es verweist auf die soziale Stellung, die wir durch eigene Anstrengung erlangen können, im Gegensatz zu dem Vermächtnis des familiären Status, der mit dem Namen oder der Abstammung zusammenhängt, was die klassischen Astrologen mit dem 4. Haus verbinden. Aus ähnlichen Erwägungen haben manche klassischen Astrologen auch Schwangerschaften dem 10. Haus zugeordnet, denn es hat sowohl „mit der Frucht unserer Arbeit" als auch mit der „Frucht der Lenden"(als Sitz der Zeugungskraft) zu tun.

Da wir in diesem Bereich danach trachten, unsere gesellschaftliche Stellung zu heben, verdeutlichen die planetaren Einflüsse auf dieses Haus, ob in den Unternehmungen, die die öffentliche Aufmerksamkeit oder Überwachung auf sich ziehen, Erfolg vorzufinden sein wird. In modernen Unternehmenshoroskopen hat das 10. Haus großen Einfluss auf die Verkaufsförderung und die „Markenidentität". In einem Geburtshoroskop bringt eines der Lichter auf der Himmelsmitte den Geborenen in den Blickpunkt der Öffentlichkeit. Dagegen zeigt dies in Ereignis- oder Stundenhoroskopen die Umstände, die der Öffentlichkeit zugänglich gemacht werden.[22]

Aus dem gleichen Grund hat das 10. Haus viel mit Urteilen oder Entscheidungen zu tun. Manilus hat die Himmelsmitte mit dem Ausdruck von Kraft und Autorität assoziiert, von wo aus sich eine traditionelle Verbindung zur Vollstreckung von Gesetzen und Urteilen in Rechtsangelegenheiten ziehen lässt. Firmicus behauptet, dass die Himmelsmitte alle unsere Handlungen und den Geschäftsverkehr betrifft und dabei den allergrößten Einfluss hat. Übrigens eine Meinung, die in fast allen klassischen Texten widerhallt! Man betrachtet die Himmelsmitte als die Krone des Horoskops, und ein Planet auf der Himmelsmitte wird alles sehr wirkungsvoll beein-

---

[22] Alternativ dazu halten Sigifikatoren, die „unter der Erde" oder verbrannt sind. Dinge geheim oder verborgen.

flussen. Obwohl das 4. Haus die generelle Bedeutung "Eltern" hat, wurden Mütter teilweise dem 10. Haus zugeordnet, um sie vom Vater zu unterscheiden.

Deutungen des 10. Hauses

Manilius: Ruhm; Auszeichnung; populäre Gunst; Macht; die Rolle von Recht und Justiz am Gericht; Allianzen mit fremden Ländern; Ruhm, den eigenen Stand betreffend; vollendeter Erfolg. Ehe. Der Tempel der Venus.

Andere Klassiker: Karriere; Talent; Ehren; Reputation; Frau.

Firmicus: Leben und Lebensgeist; alle unsere Taten; Heimat; Land; Berufskarriere; alle unsere Beziehungen zu anderen; Geistesschwäche; Kardinal; der größte Einfluss.

Al-Biruni: Regierung mit einem Rat der Adeligen; absolute Autorität; Erfolg im Geschäft; Handel; Berufe; Freigebigkeit.

Lilly: Ehre; Ansehen; fürstliche Persönlichkeit; Truppenführer; Richter; Autorität. Beruf, Mutter.

Modern: Ambitionen; Kariere, Beruf; sozialer Status.

Der Deszendent (DC): 7. Haus

In der Bewegung der Sonne in Richtung Deszendent erkannte die ägyptische Philosophie eine Schwächung der Vitalität, einen Kräfteverlust, den Tod oder die Notwendigkeit zum Rückzug. Da der Mangel an persönlicher Stärke mit dem Deszendenten assoziiert wurde, erhielt der Deszendent den Ruf eines „feindseligen Eckhauses", in dem man empfänglich für den Einfluss von schädlichen Ereignissen und Feinden ist. Manilius verband das 7. Haus mit der Vollendung von Angelegenheiten und dem Ende des Lebens, weil die Sonne hier jeden Abend bei ihrem Untergang starb.

Den versinkenden Kosmos stürzt er kopfüber unter das Land
und versenkt die Gestirne. ...
Wundre dich nicht, wenn er Tor des dunklen Pluto genannt wird
Und mit den Toren des Todes das Ende des Lebens verwahrt hält.
Hier erstirbt selbst der Tag, und die Erde entzieht ihn dem Erdkreis,
Und sie verschließt ihn im Kerker der Nacht wie einen Gefangenen.[23]

Während der Aszendent symbolisch für das Licht steht und Weiß oder helle Farben repräsentiert, so bewirkt der Verlust des Lichts am Deszendenten, dass dieses Haus mit Schwarz oder sehr dunklen Farben assoziiert wird.

Es gibt Belege dafür, dass die astrologischen Vorstellungen in der Zeit von Manilius bis Ptolemäus enorm gewachsen sind, und zu der Zeit, als Ptolemäus seinen Tetrabiblos geschrieben hat, war es unter den Astrologen schon beinahe üblich, das 8 Haus mit dem „Eintreten des Todes" zu assoziieren. Der Deszendent behielt seine Verbindung mit kritischen Phasen von Gefahr jedoch bei, wie sich an Ptolemäus Formel zur Festlegung der Lebenslänge ersehen lässt:

Die tötenden Grade, welche nach der Art im Sinne des täglichen Laufs der Gestirne über dem Himmel gefunden werden, liegen am Deszendenten.[24]

---

[23] Claudius Ptolemäus. *Tetrabiblos*. Tübingen 1997, S. 168.
[24] Manilus. II, 955, S. 187.

Die Bezeichnung des 7. Hauses für Gegenspieler und folglich „die anderen" – sei es in Liebe oder im Streit – erklärt sich teilweise dadurch, dass es diametral entgegengesetzt zum Aszendenten steht. Allerdings ist der symbolische Einfluss der Himmelsrichtung Westen ein integraler Bestandteil dieser Deutung. Der Westen wird generell als feindselig oder schwächend wahrgenommen aufgrund seiner Verbindung zu der Dunkelheit. Außerdem hat der Westen eine sehr alte Bedeutung in Hinblick auf jene, die uns entgegentreten. In der pythagoreischen Philosophie, die ihre Wurzeln in Vorstellungen der alten Mesopotamier und Ägypter hat, wird die Richtung rechts mit dem Osten und die Richtung links mit dem Westen verbunden. In der Bibel und in allen Philosophien der Welt wird der symbolische Gebrauch für rechts oder für den Osten verwendet, um auf Qualitäten hinzudeuten, die förderlich, stark, rechtschaffen, direkt, offen und auf das „Selbst" fixiert sind. Dagegen symbolisieren links und der Westen Energien, die man an andere weitergibt und die einem Empfinden für Vereinigung, Partnerschaft und Verbindlichkeit entspringen, was man an dem Bezug dieses Hauses zur Heirat sehen kann. Dies bringt auch ein geschwächtes Selbstempfinden mit sich, sowie den Hinweis auf potenziell gefährliche, indirekte, obskure, dunkle und nicht vertraute Energien.

Entsprechend wird der Osten als männlich und diurnal betrachtet, währen der Westen als weiblich und nocturnal gilt. Folglich wird gesagt, dass männliche Planeten in der östlichen Hälfte des Horoskops gestärkt werden, während die weiblichen Planeten sich in den westlichen Quadranten freuen. Man findet insbesondere Belege dafür, dass der Mond am Deszendenten in starker Würde stehe, während er am Aszendenten geschwächt wird. Die Regeln für Elektionen schreiben vor, dass es ungünstig ist, den Mond an den Aszendent zu dirigieren, wenn man eine günstige Zeit für neue Unternehmungen wählen will. Obwohl wir heutzutage Partner beider Geschlechter mit dem 7. Haus in Zusammenhang bringen, wurde das 7. Haus ursprünglich vorwiegend mit dem Weiblichen assoziiert und wurde verwendet, um Frauen generell zu kennzeichnen.

Deutungen des 7. Hauses

Manilius: Die Vollendung von Unternehmungen; der Abschluss mühseliger Arbeiten; die letzten Jahre und das Ende des Lebens; Tod; die Verehrung der Götter; Heirat; Freizeit und Muße; gesellschaftliche Ereignisse; Bankette.

Andere Klassiker: Heirat.

Firmicus: Die Art und die Anzahl der Heiraten; kardinal, aber ungünstig aspektiert zum Aszendenten.

Al-Biruni: Frauen, Konkubinen, Hochzeiten; Kontroversen; Partnerschaften; Verluste; Gerichtsprozesse.

Lilly: Ehe; Partner; öffentliche (bekannte) Feinde; Diebe; die Gegenseite in Liebe, Krieg, Streit und Prozessen.

Modern: Diejenigen, mit denen wir unser Leben und Handeln teilen müssen; oder diejenigen, mit denen wir in enger Beziehung stehen, sei es emotionaler oder geschäftlicher Art; offene Feinde; Die „Nicht-Selbst"-Projektion.

Innerhalb den Quadranten dieses „kardinalen Kreuzes" bewegt sich der Zyklus des Lebens: Die Empfängnis geschieht am IC, wenngleich der Aufstieg in die Manifestation oder die physische Form sich am Aszendenten vollzieht. Der Quadrant zwischen Aszendent und Himmelsmitte steht in Beziehung zu Jugend und Lebenskraft. Der Quadrant von der Himmelsmitte bis zum Deszendenten repräsentiert die mittlere Lebensphase und die Reife, während der Quadrant zwischen Deszendent und IC das Alter und den Tod repräsentiert. Alte Astrologen wie Antiochus oder Porphyrios beschrieben den Quadranten zwischen IC und Aszendent als den endgültigen Zustand der Gebrechlichkeit oder die Periode nach dem Tod (und die Vorbereitung auf die Wiedergeburt).[25] Dagegen war Jean-Baptiste Morin einer der wenigen Astrologen im 17. Jahrhundert, der eine philosophische Erklärung der Hausbedeutungen bot. Er erkannte auch diesen zugrundeliegenden Zyklus der Erfahrung als eine Basis für seine Cabal of the Twelve Astrological Houses:

> *Welchen Teil des Himmels, wenn denn die Natur uns selbst führt und lehrt, sollten wir denn als die erste Ursache für den natürlichen Anfang aller Dinge nennen? Zweifellos veranlasst das, was ganz am Anfang einer Sache über den Horizont aufsteigt, die Sache selbst ebenfalls aufzusteigen. Denn es ist gewiss, dass der Osten für alle Planeten sehr viel einflussreicher ist als die anderen Bereiche, was auch von allen Astrologen bezeugt wird, wenn es um Aufgang, Kulmination und Untergang der Sterne geht und wie es die Erfahrung selbst zu Bewusstsein bringt bei einer Veränderung … . Aber sukzessive wird jener Teil des Himmels, der höher über dem Horizont steht und die Himmelsmitte besetzt beim Beginn der Angelegenheit, die Kontrolle über die Aktivitäten und die eintretende Wirksamkeit übernehmen. Was aber zu gleichen Zeit im Untergang steht, bildet den perfekten Endzustand ab. Und schließlich wird das, was die Tiefe des Himmels besetzt, als Ursache für eventuelle Nachteile und Verderbtheit angesehen.* [26]

Es scheint, dass Howard Sasportas auf der richtigen Spur war, als er die Häuser als einen „Lebenszyklus" oder ein „Rad der Erfahrung" in Erwägung zog, aber sein Fehler lag darin, diesen Zyklus in der numerischen Ordnung der Häuser zu suchen. Diese Abfolge korrespondiert mit der astronomischen Bewegung eines Planeten

[25] „Der Abstieg der Gegen-Himmelsmitte bezeichnet die Phase vor dem Tod, die Gegen-Himmelsmitte den Tod und der anschließende Aufstieg die Phase nach dem Tod." In: Antiochus. *The Thesaurus*. Project Hindsight, Greek Track, Berkeley Springs 1993, S. 32.

[26] *The Cabal of the Twelve Astrological Houses of Morinus*. Übersetzt von George Wharton 1659. Online bei www.skyscript.co.uk/cabal.htm (Zugriff 24.6.2003).

Abb. 9: Die Quadranten

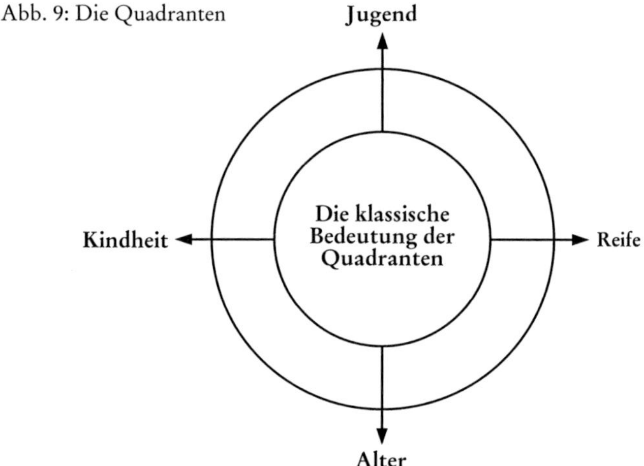

durch die Zeichen des Tierkreises. In der Astrologie ist es dagegen die Tagesbewegung des Himmels von Osten nach Westen – herbeigeführt durch die tägliche Rotation der Erde um ihre Achse –, die eine bei weitem tiefere Bedeutung in sich trägt. Ptolemäus nahm darauf Bezug unter dem Begriff „Primärbewegung“, die sich über die natürliche Bewegung der Planeten hinwegsetzt während diese bestrebt sind, ihren Fortgang durch den Tierkreis zu nehmen. Geoffrey Chaucer fasst dies im 14. Jahrhundert zusammen indem er schrieb:

Wie rollst Du doch, grausames Firmament
Von Anfang täglich um in Deinem Kreise
Treibst alles fort vom Ost zum Occident
Und schleuderst es aus angebornem Gleise.[27]

Obwohl das zunächst dieser Ordnung zu widersprechen scheint, ist die Nummerierung der Häuser dennoch auf dieser Ordnung aufgebaut und entstammt der "Schau" der ägyptischen Astrologen

[27] „Erzählung des Rechtsgelehrten“ in: *Geoffrey Chaucers Canterbury Geschichten.* Übersetzt von Wilhelm Hertzberg, Hildburghausen 1866, S. 203.

im Zweistunden-Takt. Die Häuser werden gegen den Uhrzeigersinn nummeriert, denn dies ist die Abfolge, wie die Sterne sich in den Häusern bewegen und am Osthorizont sichtbar werden – deshalb wurde der Aszendent als „Stundenschauer“ (horo-skopos) bezeichnet.

Für den Studenten heutzutage ist ein größeres Umdenken erforderlich, um die antike empirische Basis der heute in Gebrauch befindlichen astrologischen Techniken zu verstehen. Die symbolische Bedeutung der um uns herum stattfindenden Zyklen lässt sich nur begreifen, wenn wir unsere Augen und unseren Verstand von unseren statischen, zweidimensionalen Horoskopen emporheben und uns wieder mit den Himmelsbewegungen verbinden, wie wir sie mit den menschlichen Sinnen erfahren können: Aufgang im Osten, Kulmination im Süden[28] und der Untergang ist im Westen. Die zo-

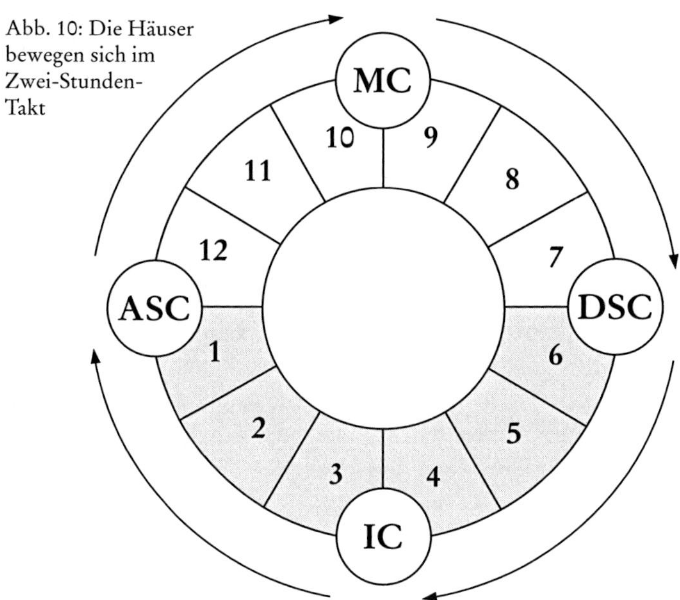

Abb. 10: Die Häuser bewegen sich im Zwei-Stunden-Takt

[28] Die Planeten der südlichen Hemisphäre kulminieren im Norden (siehe hierzu Kapitel 8).

diakale Messmethode platziert die Planetenpositionen entlang der Ekliptik, aber dies ist ein universelles Maß. Es sagt nichts über die persönliche Signatur der Planeten aus, wie sie in Beziehung zu einem bestimmten Ort an einem bestimmten Zeitpunkt stehen. Darin liegt aber eine der wichtigsten Funktionen der Häuser – die Definition der Himmelspositionen im Hinblick auf einen bestimmten Ort. Der bedeutendste Umschwung besteht darin, dass wir durch den Einfluss der modernen Wissenschaft gelehrt wurden, unseren Kosmos als ein heliozentrisches System zu betrachten und wir neigen zu der Vorstellung, von außen nach innen zu blicken.

Die astrologische Symbolik deutet die Himmelspositionen so, als ob sie auf die Erde herabgezogen seien. Dies macht es erforderlich, dass wir die geozentrische Perspektive aufrechterhalten: wir sind innen und schauen nach außen. Die Teilung der Häuser hat sich zumindest in ihren Anfängen aus dieser Perspektive entwickelt. Sobald unsere Perspektive wieder so ausgerichtet ist, wird das eigentliche Wesen dieses grundlegenden Zyklus wieder erkennbar. Die Häuser des Horoskops stehen in Beug zu dem universellen „Lebensbaum", welcher das Sein des Menschen mit dem Zyklus der Natur verbindet, von dem er ein Teil ist.

Durch die Einbeziehung einer tiefer liegenden Struktur erklärt die Tagesbewegung eine Menge, offenbart aber nicht die ganze Bedeutung der individuellen Häuser, denn es haben noch andere symbolische Systeme eine Rolle gespielt. Aber für die Deutung der Achse 2. und 8. Hauses ist dies von besonderer Bedeutung. Im folgenden Kapitel betrachten wir die Zusammenhänge zwischen dem 2. Haus und finanziellen Angelegenheiten, sowie zwischen dem 8. Haus und dem Tod. Außerdem schauen wir, wie die Aspektverbindungen zum Aszendenten mit den Hausdeutungen verwoben sind.

Aspekte und Pforten: 2. Haus/8. Haus

Jedes Gestirn freilich wird unter welchem Bilde auch immer von den Häusern des Kosmos geprägt; das Haus überlagert Sternennatur, bringt Gaben und Schaden; die Sphäre durchwandelt jedes Gestirn, erhält dort die Kräfte und schenkt sie dem Himmel: Denn der Charakter des Hauses ist stärker, er wartet in seinen Grenzen mit seiner Wesensart auf und zwingt den Gestirnen, die sie durchlaufen, den eigenen Stil auf, bald reich an Ehren jeglicher Art, bald büßen sie ihre ertraglose Stätte

Manilius.[29]

Die moderne Astrologie erleidet oftmals Schiffbruch, wenn es darum geht, alle Möglichkeiten der Häuserbedeutung auszuschöpfen, indem sie diese alle auf die gleiche Stärke und Wirksamkeit reduziert. Denn es wird die Tatsache ignoriert, dass die Stellung im Raum Auswirkungen hat auf die Wichtigkeit und die Kraft (oder die Hemmung und Schwäche) der planetaren Ausdrucksmöglichkeit. In unserem Eifer, die negativen Untertöne von Wörtern wie „bösartig", „ungünstig" und „vernichtend" zu vermeiden, müssen wir wachsam sein, diesen ganz wichtigen Einfluss der Häuser auf den Kopf zu stellen. Mindestens müssen wir vorsichtig sein, den Wert der Häuser nicht einzuschränken, indem wir eine vorgefasste Meinung haben und allem eine konstruktive, kreative oder oberflächlich positive Interpretation geben. Das 8. Haus bleibt das Haus des Todes, des Verlusts und des Kummers, ganz egal, wie freundlich wir dies in leicht verdaulichen Redewendungen wie „persönliche Transformation" verpacken. Die alten Astrologen legten großen Nachdruck

[29] Manilius. *II, 856.* S. 177.

darauf, ob ein Haus eine aktive und sich steigernde Himmelsregion beschrieb oder einen Bereich, der Rezession und Niedergang förderte. Die Verwendung der Begriffe kardinal, nachfolgend und fallend spiegelt dies wider und bietet reich geschmückte Beschreibungen, um zu illustrieren, ob der oder das Symbolisierte gesund oder kränkelnd, nah oder fern, kräftig und lebensprühend oder verarmt und unsicher ist. Diese Qualitäten werden in modernen Texten oft erbärmlich heruntergespielt, wohingegen traditionelle Astrologen diese ständig benutzen, um das Ergebnis eines Konflikts oder eines Prozesses festzulegen, um verlorene Gegenstände oder vermisste Personen wiederzufinden oder um den Verlauf einer Partnerschaft, einer Krankheit oder die Chancen eines Stellenangebots zu bestimmen. Manchmal kann die gesamte Deutung des Horoskops vorwiegend von diesen Erwägungen abhängen. Obwohl die Beschreibung des Lebensbereiches, in dem ein Planet wirkt, offensichtlich ein sehr wichtiger Faktor bei der Deutung der Häuser ist, dürfen wir nicht das Ausmaß verleugnen, in welchem die Häuser auch die Planeten bestärken können. Oder im Gegensatz dazu die Planeten abschwächen, wenn der Bereich ein „armseliger Ort“ ist.

Astrologen müssen zuerst die Realität berücksichtigen, selbst wenn sie für jedes Problem eine positive Lösung anbieten wollen. Dazu gehört auch die Wirklichkeit des Misserfolges, die Notwendigkeit des Rückzugs und die entmutigende Erfahrung des Verlusts. Die antike Perspektive porträtierte die Häuser im Sinne von stark = gut, schwach = schlecht, obwohl die Vorstellung der Alten nie so vereinfachend war, dass sie diesen Standpunkt aus dem Zusammenhang heraus gerissen interpretierten. Niemand könnte unterstellen, dass es den antiken Philosophen an einem gesunden Respekt vor Rückzug oder Zerfall mangelte, oder dass sie es unterließen, deren berechtigten Platz in einem größeren Gleichgewicht des Lebens zu erkennen. Aber die meisten von uns würden darin übereinstimmen, dass es angenehmer ist, stark, aktiv und beherrscht zu sein, als unfähig, schwach oder hilflos.

Wenn die alten Texte davon sprechen, dass die Häuser schlecht, schwach, armselig, schädlich oder böse sind, dann beschreiben sie

Bereiche, in denen es einen Mangel an planetarem Ausdruck gibt. Die Fähigkeit der Planeten, ihren Einfluss auszuüben, wird behindert entsprechend dem Grad an „Destruktivität“. Dies symbolisiert natürlich Lebensbereiche, in denen wir nicht in der Lage sind, unsere Umgebung effektiv zu kontrollieren. Wir werden Opfer der Umstände oder übernehmen die Konsequenzen aus unseren eigenen früheren Taten. Manchmal scheint eine Tragödie aus keinem offensichtlichen Grund einzutreten. Oder es treten Hindernisse auf, welche wir ansonsten achselzuckend abtun würden, die uns nun aufgrund unseres geschwächten Kontrollsinns anscheinend stärker einschüchtern und übermannen. Ein psychologischer Scharfblick ist nützlich und oft sogar entscheidend, um den besten Weg durch diese schwierigen Phasen zu finden. Aber dadurch lässt sich die Situation, welche an Einbußen nur so strotzt, nicht in eine Situation ohne Verlusterfahrung verwandeln, in eine Situation, die nur aus Gewinn und Glück bestünde. Zerstörung und die Erfahrung der Entfremdung liegen vor, einerlei wie stark wir die Symbolik drehen und wenden oder wie sehr wir hinter den gegenwärtigen Horizont schauen. In jedem ganzen Lebenszyklus wird es immer die Freude der Kreativität und der Anziehungskraft geben, viele Perioden des Vergnügen und des Erfolgs, durchsetzt mit Trauer und Kummer, Trennung und körperlichem Tod. Ohne jede negative, astrologische Terminologie in unserer symbolischen Ausdrucksweise würden wir mit einem sehr schwachen und unvollständigen Vokabular arbeiten.

Ein Faktor, der die antike Erkenntnis der Haus-„Stärke“ festlegte, ist die **Aspektverbindung** zwischen den Hausspitzen und dem Aszendent. Da der Aszendent den Eintritt des Lichts, und damit das Leben und die Vitalität repräsentiert, legt der Aspekt (der "Blick"), den eine Hausspitze zum Aszendenten hat, sowohl die Qualität als auch die Quantität der „Lebensenergie“ fest, welche die betreffende Himmelsregion durchdringt, und bestimmt dadurch einen wesentlichen Kernpunkt der Bedeutung, der mit der Entwicklung der modernen Interpretationen ausgefiltert wurde. Zum Beispiel ist das 7. Haus ein wirkungsvolles Haus, in dem Planeten einen starken und dynamischen Einfluss ausüben können, denn es schaut den Aszendenten direkt in einer Opposition an und hat deswegen einen leichten Zugang zu dessen Licht. Dadurch dass er den Aszendenten frontal anschaut, hat jeder Planet in diesem Feld eine starke Energieresonanz. Wir dürfen in der Opposition keine angenehme Energie erwarten, denken Sie nur daran, wie unangenehm Sie sich fühlen, wenn Sie mit jemandem sprechen, der sie direkt mit den Augen fixiert. Aber die Opposition ist intensiv und gefühlsbetont wegen der direkten Konfrontation mit dem Aszendenten, der Schlüsselposition im Kosmogramm. Wenn die Planeten in diesem Haus ihre Bedeutung in Beziehung zu anderen Menschen in unserem Leben setzen, sei es durch Projektion oder direkten Kontakt, dann können wir davon ausgehen, dass ihr Einfluss auf uns heftig und dramatisch ist und in gewisser Weise von den Extremen Liebe und Hass gekennzeichnet ist. Aus diesem Grund steht das 7. Haus für die Menschen, die in einer engen und intimen Beziehung zu uns stehen, die weit über eine Bekanntschaft hinausgeht und in der wir uns als die Hälfte des Ganzen verstehen. Der Begriff der „Bezugsperson“ wird hier in der Regel angewandt, da er sich sowohl auf Gegner als auch auf Geliebte oder Partner beziehen lässt.

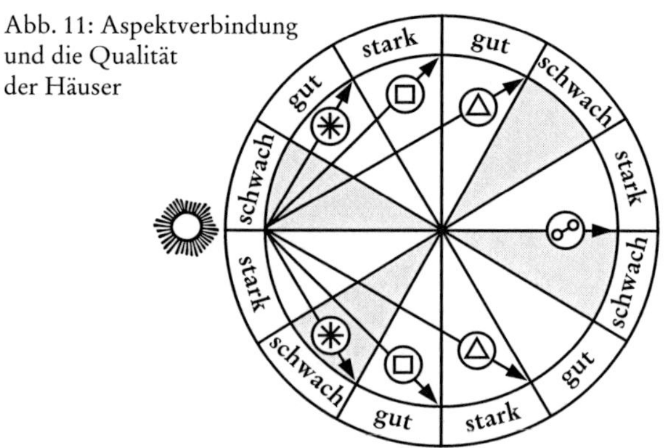

Abb. 11: Aspektverbindung und die Qualität der Häuser

Dasselbe trifft auch für die Häuser 4 und 10 zu, die auf den Aszendenten durch ein kraftvolles Quadrat zugreifen. Ihrem Wesen entspricht Kraft und Stärke: Der Einfluss des 10. Hauses ist offenkundig und beobachtbar. Der Einfluss des 4. Hauses ist tief verwurzelt und grundlegend. Das 5. und das 9. Haus sind günstig, und es verbinden sich positive und günstige Assoziationen mit ihnen, da diese Häuser den Aszendenten mit harmonischen Trigonen aspektieren. Durch diese Aspektverbindung war es möglich, dass diese beiden Häuser weniger ungünstige Bedeutungen erlangt haben, als es ansonsten der Fall gewesen wäre. Das 9. Haus ist fallend, gilt aber als weniger geschwächt denn die anderen fallenden Häuser, weshalb es sich auch in er oberen Hälfte des Horoskops befindet. Das 5. Haus ist dem Vernehmen nach einer der erfreulichsten Bereiche des Horoskops, obwohl es „unter der Erde“ verstaut wurde. Das 3. und das 11. Haus werden in ganz ähnlicher Weise auch als günstig betrachtet, da sie ein Sextil zum Aszendenten bilden, das 11. Haus noch etwas mehr wegen seiner erhöhten Stellung. Die Wohltaten des 3. Hauses werden durch die Tatsache verringert, dass es unter der Erde und fallend ist.

Die Häuser 2, 8, 6 und 12 bilden indes mit dem Aszendenten Aspekte, die traditionell als zu schwach und zu ineffektiv gelten, um unterstützend zu wirken: Inkonjunkt (Quincunx) und Halbsextil. Der hemmende Zugang zum Licht des Aszendenten bedeutet, dass alle diese Häuser als „dunkle“ Bereiche angesehen werden, was symbolisch auf einen Mangel an Lebensenergie hindeutet. Es müssen auch noch andere Faktoren berücksichtigt werden, aber im Rahmen der Grundbedeutung der Häuser gilt ein zugrunde liegendes Prinzip des gedämpften Selbstausdrucks.

Die Achse 2. Haus / 8. Haus

Versäumt man es, die Stärke der planetaren Einflüsse abhängig vom Gang der Planeten durch die verschiedenen Bereiche des Horoskops zu betrachten, kommt man zu den modernen Varianten der Hausdeutung, von denen man landläufig glaubt, dass sie der ursprünglichen astrologischen Philosophie verpflichtet sind, diese aber in Wirklichkeit ignoriert haben.

Beim 8. Haus ist dies besonders deutlich, wenn man sagt, es beschreibe das Sexualleben oder die Möglichkeit einer Schwangerschaft. Diese Ideen entspringen der Ansicht, dies sei ein Feld, das sich mit der persönlichen Transformation auch auf der niedrigsten Eben befasst. Da es das Haus des Todes ist, musste es in der Verlängerung eine Wiedergeburt nahelegen sowie den Vorgang, der zu solch einer (Wieder-)Geburt führt. Aber der Tod, auf welcher Ebene auch immer er sich ereignet – sei es körperlich, materiell, spirituell oder emotional –, ist ein Prozess des Verlusts, der im weiteren Sinn innerhalb der persönlichen Transformation wirksam wird, auf die sich das Horoskop als Ganzes bezieht. Dieser Verlust hat seine eigenen Zyklen und Stufen, denen Schwäche vorausgeht und Kummer nachfolgt. Nur nach einer angemessenen Phase der Trauer und der Neuorientierung können kreative Energien wieder aufsteigen, um das Wachstum neuen Lebens zu fördern. Schwangerschaft gehört deswegen in das fruchtbare Feld des 5.Hauses und niemals in das 8. Haus, denn dies ist ein Feld, welches für den „Verlust der Kreativität“ steht. Die Idee, dass manche Astrologen einen guten Zeitpunkt für sexuelle Aktivitäten wählen, indem sie den Einfluss des 8. Hauses verstärken, könnte zu unfreiwilliger Komik führen.

Ein anderer dubioser Begriff ist der Glaube, dass ein Horoskop, bei dem eine Betonung auf das 8. Haus fällt, einen guten Zeitpunkt darstellt, um eine Anleihe aufzunehmen oder eine finanzielle Absprache zu treffen. Dies Idee basiert darauf, dass das 8. Haus über das „Geld anderer Leute“ herrsche, denn es ist das 2. Haus vom 7. Haus aus gerechnet. Astrologen, die diesen Gedankenweg gehen, vergessen oftmals, dass das 8. Haus ein Feld ist, in dem unser Verlust der Gewinn für andere bedeutet. In Stundenhoroskopen bei einer Frage nach verlorenen oder gestohlenen Gegenständen bedeutet der Signifikator im 7. Haus, dass das verlorene Gut in die Hände einer anderen Person gefallen ist. Im 8. Haus hat es sich zu einem Vermögenswert gewandelt. Es ist gut, in diesen Fragehoroskopen wohlwollende Einflüsse im 8. Haus vorzufinden, aber insofern es unsere eigenen Finanzen betrifft, ist wichtig, dass das 2. Haus hilfreich und frei von jeder Beeinträchtigung ist.[30]

Traditionell steht das 2. Haus für unsere Substanz und den Gewinn, während das 8. Haus auf den Bereich des Niedergangs hinweist. Die Herkunft dieser Ansicht lässt sich auf den Kreislauf der Natur und die Wechselwirkung zwischen Sonne und Erde zurückführen. Man muss wissen, dass das 8. Haus ursprünglich als „der Beginn des Todes" bekannt war, denn beginnend mit seiner Spitze fällt die Himmelsphäre zum Deszendenten hin. Dieser Bereich ist absolut ungünstig, denn er hat überhaupt keinen wirksamen Zugang zum Licht des Aszendenten, und in der Tagesbewegung ist dies der Bereich des Untergangs.

Das Fehlen eines starken Aspektes zwischen Aszendent und 2. Haus brachte auch diesem einen schlechten Ruf in der frühen Astrologie. Ähnlich wie das 8. Haus kannten die alten Astrologen es unter Begriffen wie „Eingang zum Hades", „Pforte der Hölle" oder „Pforte Plutos", eine Tradition, die aus Mesopotamien und Ägypten stammte, wo man die Herrschaft der Himmelsrichtung Norden den „Hütern der Pforten" zuordnete. Manilius hinterließ nur eine kurze Beschreibung über den Einfluss der Achse 2/8, außer dass sie ungünstig sei und mit der Symbolik der „Unterwelt" zu tun habe:

> *Kopfüber dort [8. Haus] und ansteigend [2. Haus] hier, er fürchtet sein Ende im nahen Hauptpunkte oder stürzt übervorteilt. Mit Recht gilt des Typhons Stätte für schrecklich, welchen die wütende Erde erzeugte, als sie dem Himmel den Krieg gebar und Kinder entstanden, die ihrer Mutter entsprachen.*[31]

Der Text von Firmicus aus dem vierten nachchristlichen Jahrhundert gibt eine bessere Erklärung, warum das 2. Haus mit Wohlstand

[30] Um sich vor dem Schaden durch den Herrscher des 8. Hauses und dessen Dispositors zu schützen, empfehlen die alten Regeln, dass wir in diesem Feld vorsichtig sein sollten und uns versichern sollten, dass der Herr scher des 8. Haues gut mit dem Herrscher von Haus 1 oder 2 aspektiert ist..

[31] Manilius. II, 872 – 877. S. 179.

assoziiert wird. Er betrachtet es als ein Haus der „Vermehrung". Während er noch empfiehlt, es als ein „Haus der Hoffnung"[32] zu betrachten, nennt er es auch „das Tor zu den Unterirdischen", was er wegen dem mangelnden Zugang zum Licht des Aszendenten unterstellt:

> *Der 2. Ort fällt in das dem Horoskop folgenden Zeichen (...) Aus ihm erkennt man Hoffnungen und Besitztümer. Er ist ein „fauler Ort", dem Horoskop fremd und wird das „Tor zu den Unterirdischen" genannt, da er durch keinen Aspekt mit dem Horoskop verbunden ist.*[33]

Bezeichnenderweise bezieht Firmicus sich auch auf die griechische Terminologie. Das 8. Haus war als Epicataphora bekannt, was bedeutet: „Abstieg in die Unterwelt". Das 2. Haus wurde auch Anaphora genannt, „Aufstieg aus der Unterwelt", was veranschaulicht, dass zwar beide Häuser als Pforten zur Unterwelt angesehen wurden und sich dunklere Elemente in ihre Symbolik einverleibt hatten, dass aber dennoch eine wichtige Unterscheidung vorgenommen wurde – das 8. Haus war das Tor des Eintritts, das 8. Haus war das Tor der Freilassung.

Ein weiterer Fingerzeig zur Symbolik des 2. Hauses findet sich in dem alten Mythos von Ischtars Abstieg in die Unterwelt. Man konnte in die Unterwelt nur vollkommen nackt eintreten und so musste sie für ihre Reise alle Gewänder und alle Juwelen vor dem Eintritt ablegen, Bei ihrer Rückkehr sollte sie sie wieder erhalten. Der Mythos spiegelt den zyklischen Prozess von Verlust und Gewinn, der wiederum symbolisch für Tod und Wiedergeburt ist. Der folgende Auszug aus dem Buch World Mythology von Donna Rosenberg enthält die persönliche Auffassung der Autorin über den Mythos. Ihr Buch handelt nicht von Astrologie, sondern von Mythologie, und bietet insofern einen unabhängigen Standpunkt an. Dies ist besonders in-

[32] Firmicus Maternus. *Die acht Bücher des Wissens*. Tübingen 2008, S. 65 und 70.
[33] Ebenda, S. 68.

teressant, wenn man in Betracht zieht, dass es eine alte Verbindung zwischen Saturn (dem traditionellen Planeten des Todes) und dem 4. Haus gibt, ebenso zwischen dem Mond und dem 3. Haus (das 3. Haus hieß „Göttin", weil es das Haus des Mondes war):

In den frühen Ackerbaugesellschaften war fruchtbarer Boden von größter Bedeutung, und die gesamte Gesellschaft war auf die Erde ausgerichtet. Die frühen landwirtschaftlich tätigen Menschen beobachteten, dass Pflanzen und Menschen geboren wurden, zur Reife heranwuchsen und starben, und dass andere wieder geboren wurden, oftmals im folgenden Frühling. Diese Tatsache wurde zum zentralen Mittelpunkt der Religion. Der Tod war ein akzeptierter Bestandteil des Lebenszyklus, denn ihm folgte eine Wiedergeburt oder ein neues Leben. Die Menschen verehrten die große Göttin, um sich der Fruchtbarkeit ihrer Felder und ihrer selbst zu versichern, damit ihre Gemeinschaft fortbestehen konnte.

Hades war nicht nur der Gott des Todes, aus dem neues Leben hervorging, er war auch als Gott des Wohlstandes bekannt. (Sein anderer Name Pluto wurde von „Ploutos" abgeleitet, was Wohlstand bedeutet). Die tote Erde erwachte jedes Frühjahr zu neuem Leben, indem neue Pflanzen aus ihre hervorbrachen. Zusätzlich enthielt sie Metalle (Kupfer und Zinn), aus denen Bronze hergestellt wurde.[34]

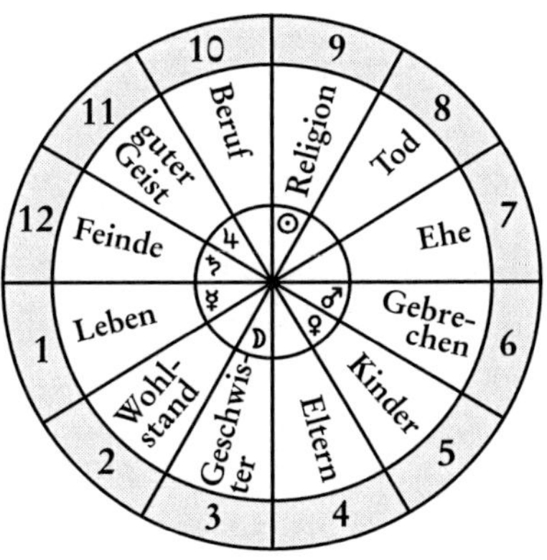

Abb. 12: Diese Abbildung zeigt die wichtigsten Bereiche, die mit den Häusern zur Zeit des Firmicus assoziiert wurden. Außerdem sieht man die Planeten, die in den jeweiligen Häusern gut angesiedelt waren und von denen Firmicus deswegen schrieb: „dies ist das Haus der Venus.".

[34] World Mythology: *An Anthology of the Greek Myths and Epics*. London 1986, S. 15.

Haus	Bezeichnung bei Firmicus	Griechischer Name	Freie Übersetzung
1	Horoskop	Anatole	Östlicher Aufstieg
2	Tor zur Unterwelt	Anafora	Aufstieg aus der Unterwelt
3	Dea	Thea	Göttin
4	Imum Caelum	Ypogeon	Himmelstiefe
5	Bona Fortuna	Agatha Tyche	Glück
6	Missgeschick	Cace Tyche	Schlechtes Schicksal
7	Descendent	Dysis	Westlicher Untergang
8	[Tor zur Unterwelt]	Epicataphora	Abstieg in die Unterwelt
9	Deus	Theos	Gott
10	Medium Caelum	Mesuranima	Himmelsmitte
11	Bonus Daemon	Agathos Daimon	Guter Geist
12	Malus Daemon	Cacos Daimon	Böser Geist

An dieser Beschreibung kann man sehen, dass die Assoziation des 2. Hauses mit Wohlstand und materiellem Wachstum als eine Weiterentwicklung seiner Verbindung mit der Unterwelt entstanden ist. Es macht auch Sinn, dass die Alten das 3. Haus „Göttin" genannt haben, denn es war die Erdgöttin, die den von Hades begonnenen Vorgang fortsetzte und der Erde die Fruchtbarkeit zurückgab.

In einer sehr frühen Phase war der gesamte Bereich um das Imum Coeli herum mit dem verborgenen Prozess der Erneuerung, dem Samen, der im Boden keimte und dem Embryo der wiederkehrenden Fruchtbarkeit verbunden, welcher sein Erscheinen am Aszendenten feierte. In diesem Prozess erlangte das 2. Haus als Pforte der Freisetzung eine symbolische Bedeutung für die Wiederkehr von Hoffnung und körperlichem und geistigem Wachstum. Man betrachtete es als ein Haus der Erwartung von Vorteilen, im Gegensatz zu seinem Gegenüber, dem 8. Haus, das ein Bereich war, der nur die ängstliche Vorahnung von Verlust bereithielt. Im Laufe der Zeit führte dies zu einer deutlich stärker eingegrenzten Assoziation mit Wohlstand, Ressourcen, materiellem Besitz und allem, was unserem Überleben dient, wobei die generellen Bedingungen reflektiert werden, ob die entsprechenden Gegebenheiten dürftig sind oder im Überfluss vorhanden.

Deutungen des 2. Hauses

Manilius: Verhängnisvoll, der Aufenthalt des Typhon.

Andere Klassiker: Lebensunterhalt; Profit; Erbschaft; Besitz, Glück; Geschäft; Gewinn; Geschlechtsverkehr mit Frauen.

Firmicus: Zunahme an persönlichen Hoffnungen und materiellem Besitz; Erwartung von Erbschaften und Wohlstand. Passiv und geschwächt, da es keinen Aspekt mit dem Aszendenten bildet; „Tor zu Unterwelt“ (Anaphora).

Al-Biruni: Ernährung, Lebensunterhalt; Assistenten; Beruf, der mit Kindern zu tun hat (10. Haus vom 5. Haus).

Lilly: Besitz, Glück, Substanz, Wohlstand und Armut; bewegliche Gegenstände.

Modern: Finanzielle Angelegenheiten; Mittel, die zum Wohle des Körpers sind; Einkommen, Gefühle.

Deutungen des 8. Hauses

Manilius: Verhängnisvoll, der Aufenthalt des Typhon.

Andere Klassiker: Tod; Gerichtsverhandlung; Strafe; Verlust; Schwäche.

Firmicus: Die Todesart. Nur der Mond fühlt sich in diesem Haus wohl und dies auch nur in Nachthoroskopen. Schwach und passiv, da es keinen Aspekt zum Aszendenten bildet; Tor zu Unterwelt“ (Epictaphora).

Al-Biruni: Tod; Mord; Gift; Erbschaft; das Vermögen der Frau (2. Haus vom 7. Haus), Ausgaben; Armut.

Lilly: Tod; letzter Wille; das Geld des Partners; Angst und Qualen des Geistes.

Modern: Einkommen; Steuern; Vermächtnisse; geteilte Gefühle; Sexualität; Geburt und Tod; große Geschäfte; Versicherung; Verbrechen.

Planetare Freuden: 5. Haus/11. Haus

Jupiter wohnt darin: Der Regent heischt für dieses Verehrung.

Manilius[35]

Obwohl alle Häuser einen Teil ihrer Bedeutung von der Beziehung der Sonne zur Erde herleiten, so sind doch nicht alle so eindeutig davon abhängig, wie die bislang diskutierten Häuser. Ganz offensichtlich sind noch andere Faktoren beteiligt, und bei der Suche nach der Herkunft der Bedeutung wird schnell deutlich, dass es nicht nur eine einzige Philosophie gibt, die man heranziehen kann, um die komplette Entwicklung der Häuserbedeutungen zu erhellen. Die von uns derzeit verwendeten Häuserbedeutungen sind das Produkt aus der Verschmelzung verschiedener symbolischer Standpunkte, ein Prozess, der sich über Jahrhunderte vollzog. Die Bedeutungen, die bestimmten räumlichen Abschnitten gegeben worden sind, wurden bis zu einem gewissen Ausmaß aus der täglichen Sonnenbewegung hergeleitet, aber auch die Aspekte haben dabei ihren Part gespielt, ebenso die Wechselbeziehungen zwischen den Häusern oder der Abstand zu den Kardinalpunkten. Ein weiterer dominierender Einfluss waren die uns heute bekannten „Freuden" der Planeten oder Orte, an denen sich die Planeten „freuen". Diese wurden bisher nur flüchtig erwähnt, und man sieht sie in der Abbildung zu den Regentschaften nach Firmicus, der das 11. Haus als „Haus Jupiters" bezeichnete, und zwar mit demselben natürlichen Gespür, wie er Schütze oder Fische als die „Zeichen Jupiters" beschrieb. Für die klassischen Astrologen war die Beziehung zwischen einem Haus und seinem planetaren Herrscher sehr wichtig,

[35] Manilius. *II. 889*. S. 181.

während dieser Zusammenhang in der modernen Astrologie nahezu vergessen ist.

Die Verwendung der „Planetenherrscher" hat in der Arbeit des Manilius oberste Priorität, der Häuser als die Tempel der Planeten bezeichnete. Seine Systematik der Freuden ist jedoch bemerkenswert (wird aber oftmals fallengelassen), da er sich von anderen Autoritäten unterscheidet, indem er Venus dem 10. Haus und Saturn dem 4. Haus zuordnet. Alle späteren Autoren, von denen uns Quellen vorliegen, betrachten das 5. Haus als die Residenz der Venus und das 12. Haus als Sitz Saturns. Aber dieser Punkt könnte von entscheidender Bedeutung sein, denn daran sieht man, dass sich eine Veränderung der Hausbedeutungen auch mit einer Veränderung der Planetenherrscher vollzog. Ziehen wir zuerst die Beschreibung zum 10. Haus bei Manilius in Betracht, das er für den „Tempel der Venus" hält.

> *Dem Teil wird besondere Kraft übermittelt: Vermählung und Brautbett und Fackeln zu schirmen. Diese Art Obhut steht Venus gut an: ihre Waffen zu schwingen. Glück ist der Name des Hauses; ich merke dir bestens.*[36]

Abb. 13: Die Tempel der Planeten bei Manilius

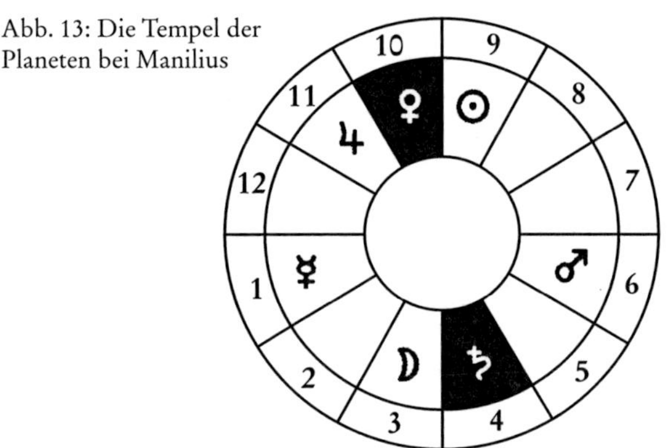

[36] Manilius. II. 924-927. S. 185.

Manilius war nicht der einzige Astrologe der Antike, der die Ehe dem 10. Haus zuordnete. Auch andere Autoren wie Ptolemäus folgten ihm darin. Aber es ist interessant, wie sich diese „Behausung“ mit der natürlichen Bedeutung des Planeten und den mit ihm einhergehenden Assoziationen verbindet. Im Gegensatz dazu fällt die Beschreibung des 5. Hauses sehr knapp aus und zeigt wenig Ähnlichkeit mit den Interpretationen späterer Autoren, die das 5. Haus der Venus zuordnen. Manilius beschreibt zunächst das 11. Haus und geht dann zu seinem Gegenpol über:

Umgekehrt [11. Haus] gleicht ihm das Haus, das schon unter dem Land liegt und an dem untersten Punkt des versunkenen Kosmos sich anlehnt [5. Haus], glänzend im Teil gegenüber, erschlafft durch geleistete Dienste[6. Haus], neuer Plage schon wieder geweiht und dem Joche des Tiefpunkts[4. Haus], und dem gewaltigen Amt im Begriff sich zu fügen; noch fühlt es nicht die Bürde des Kosmos, doch wartet es schon auf die Würde.[37]

Einige Historiker vermuten, dass man die Abweichungen bei Manilius, was die Zuordnung von Planeten zu Häusern betrifft, als einen Fehler betrachten sollte. Aber eine genauere Prüfung des Textes enthüllt, dass die Verbindung zwischen einem Planeten und „seinem Tempel“ in Manilius' Interpretation sehr viel tiefer greift und stärker betont wird, als wir dies bei späteren Werken antreffen. Die von ihm beschriebenen Deutungen liegen höchstwahrscheinlich sehr genau in einer Linie mit dem Schema, das er präsentiert, und sie sind sicher zentral für seine den Häusern zugeordneten Inhalte. Dies lässt sich auch für das 4. Haus belegen, welches Manilius als den Tempel des Saturn beschreibt:

Doch wo im Punkt vis-à-vis der die Grundfesten haltende Kosmos festliegt, die abgewandte Wölbung von unten betrachtet und gegen Mitternacht lagert, in jenem Bereich übt Saturnus seine

[37] Manilius. II. 891-896. S. 181.

Einflüsse aus. Vor Zeiten selber vertrieben von der Herrschaft des Kosmos sowie dem Throne der Götter und er erweist seine Gottheit im Schicksal der Väter als Vater und im Geschicke der Greise.[38]

In diesem Zitat scheint die Verbindung zwischen Saturn und seiner traditionellen Herrschaft über im 4. Haus so überzeugend, als dass man diese einfach beiseiteschieben könnte. Der im 17. Jahrhundert lebende Astrologe William Lilly verband z.B. Erbvermögen (ererbten Wohlstand) sowohl mit Saturn als auch mit dem 4. Haus. Dasselbe trifft auf Ackerbau, die Alten, Väter, die Erde, harte Arbeit, Bergbau, Mineralien, Ertrinken, Tod, Begräbnisse und Gruften zu. Tatsächlich wird nahezu alles, was traditionell mit dem 4. Haus in Verbindung steht, auch ganz natürlich mit Saturn assoziiert.

Anstatt daraus zu schließen, dass die Astrologie des Manilius in ihrer Präsentation fragwürdig ist, wäre es vernünftiger anzunehmen, dass dies ein Bestandteil seines Entwurfs ist. Manilius ist die älteste Quelle, der sich irgendwelche Häuserdeutungen entnehmen lassen. Vielleicht stellte er einen älteren kulturellen Standpunkt vor, der in der Folgezeit übernommen wurde, um die Richtung zu weisen, in der Planeten und Häuser miteinander verknüpft sind. Manilius behauptet, dass er der klassischen Welt „bis dahin noch nie überliefertes Wissen" vorstellt. Seine vielen Hinweise auf orientalische Götter und Mythen legen nahe, dass er mit den Philosophien der älteren Kulturen sehr viel direkter in Kontakt stand als die späteren klassischen Autoren, deren Werke zu den einflussreichen Quellen für die traditionelle Astrologie werden sollten. Zusätzlich brachte die klassische Kultur eine Bewegung hin zum Rationalismus und zu dem Impuls, Logik und Wissenschaft auf Kosten des Mystischen in die Astrologie hineinzutragen. Philosophen der klassischen Periode waren mit ordentlichen, ausgeglichenen und philosophisch zufriedenstellenden Systemen beschäftigt. Dies gilt in

[38] Manilius. II. 929-935. S. 185.

besonderem Maße, wenn es um die Zuordnung von Planeten zu Sektoren geht, ein Punkt, der die Astrologie von Ptolemäus im Tetrabiblos von den früheren Texten abhebt.

Als Ptolemäus die Planeten in ihren Sektionen klassifizierte, definierte er sie als männlich oder weiblich und entweder diurnal (Taggestirn) oder nocturnal (Nachtgestirn). Zum größten Teil sind diese Begriffe, abgeleitet aus der pythagoreischen Philosophie, synonym: Der Tag, charakterisiert durch Licht, Aktivität und Kraft, wird allgemein als männlich angesehen. Die Nacht, charakterisiert durch Dunkel, Kälte und Passivität, wird allgemein als weiblich angesehen.

Aber es gibt Unterschiede in den Details. Die Unterscheidung in männlich/weiblich ist in erster Linie von den Qualitäten Trockenheit (männlich) und Feuchtigkeit (weiblich) abhängig, während die Aufteilung in Tag und Nacht mehr von den Qualitäten Hitze (Tag) und Kälte (Nacht) abhängig ist.

Merkur ist von einer Doppelnatur: Da er sowohl männliche als auch weibliche Anteile hat, passt er sich in gleichem Maße an die Tag- und die Nachthemisphäre an und scheint von daher am Aszendenten gut gestellt zu sein, an dem sich Tag und Nacht überschneiden. Er wurde mit dem ersten Haus in Verbindung gebracht, dem die alten Astrologen deswegen die Herrschaft über den Intellekt zuordneten. William Lilly bemerkt, dass Merkur sich gerne im 1. Haus aufhält:

> *Merkur hat seine Freude in diesem Haus, weil er den Kopf, die Zunge, die Vorstellungskraft und das Gedächtnis repräsentiert. Wenn er würdevoll und gut gestellt ist, dann bringt er gute Redner hervor.*[39]

Die männlichen Planeten Jupiter, Saturn und die Sonne gelten als Tagplaneten. Die weiblichen Planeten Venus und Mond sind Nachtplaneten. Merkur gehört aufgrund seiner Doppelnatur zu

[39] William Lilly. *Christliche Astrologie Bd. 1*. Tübingen 2007, S. 71.

beiden Bereichen und ist von asexueller Natur, die ihn abhängig werden lässt von seiner Stellung in der Sphäre und von Aspekten zu anderen Planeten.

Abb. 14: Tag- und Nachtplaneten

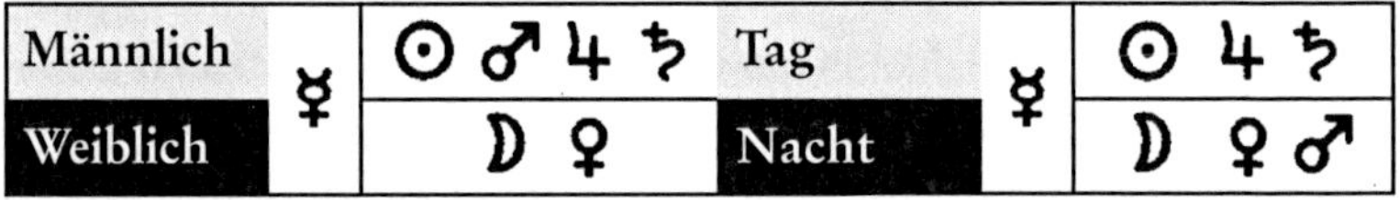

Männlich	☿	☉ ♂ ♃ ♄	Tag	☿	☉ ♃ ♄
Weiblich		☽ ♀	Nacht		☽ ♀ ♂

Wir würden natürlich vermuten, dass Mars, ein heißer Planet, der Tagsektion zugeordnet wird, und dass Saturn, ein kalter Planet, nocturnal ist. Aber dies ist nicht der Fall. Ptolemäus argumentiert, dass diese beiden destruktiven Planeten den ihrer Eigenart entgegengesetzten Bereichen zugewiesen werden sollten, um ihren bösartigen Einfluss zu mäßigen:

> *Auf der Hand liegt es auch, dass sie, sofern sie ihre Wirkung miteinander vermischen, in der uns umgebenden Sphäre des Himmels dadurch eine außerordentliche Verschiedenheit hinsichtlich ihrer Wirkung hervorzurufen imstande sind, und zwar in der Weise, dass stets die eigene Wesensart eines Gestirn die Oberhand behält, jedoch nach irgendeiner Seite hin durch die Verbindung mit widerstrebenden Plätzen in ihrer Wirkung geschmälert wird.*[40]

Dies heißt nicht, dass Mars in einer nächtlichen Stellung gestärkt würde. Es bedeutet lediglich, dass sein Hitzeausstoß hier gebändigt und gemäßigt ist, so dass seine Zerstörungskraft abgeschwächt ist. Ähnlich verhält es sich auch bei Saturn. Diese beiden Planeten sind extrem zügellos und deswegen gelten sie als Übeltäter. Sie sind dies weniger, wenn Mars (überhöhte Hitze) in einer kühlen Umgebung und Saturn (übermäßige Kälte) in einer warmen Umgebung steht. Deswegen bringen alle der Tagessektion zugewiesenen Planeten

[40] Claudius Ptolemäus. *Tetrabiblos*. Tübingen 1997, S. 38.

(Sonne, Jupiter, Saturn) ihre Energien besonders vorteilhaft in der Taghälfte zur Geltung, während die Nachtplaneten (Mond, Venus, Mars) günstiger in der Nachthälfte sind.

Die Definition der Planeten entsprechend der Tages- oder Nachtsektionen[41] basiert auf deren Vertrautheit mit der Sonne und dem Mond und die Bedeutung der Sektionen in der klassischen Astrologie kann man kaum stark genug betonen. Es war Teil der Aufgabe des Astrologen, die Stärken und Würden eines jeden Planeten zu beurteilen, bevor auch nur die geringste Deutung vorgenommen wurde und der Bezug der Planeten zu ihrer eigenen Sektion war ein Methode. Der im 13. Jahrhundert in Italien lebende Astrologe Guido Bonatti schreibt folgendes in seiner Liste der Überlegungen für Astrologen:

Die 47. [Überlegung] lautet, zu überlegen, ob der Signifikator in seinem Licht steht oder nicht, das heißt, ob ein Tagplanet bei Tag über der Erde und bei Nacht unter der Erde steht, und ob ein Nachtplanet bei Nacht über der Erde und bei Tag unter ihr steht. Denn dies macht den Planeten deutlich stärker. Ist aber ein Nachtplanet der Signifikator für etwas am Tage uns steht er über der Erde, oder ist ein Tagplanet Signifikator in der Nacht, dann werden diese dadurch geschwächt und unterliegen einer gewissen Behinderung, dass er das, was er kennzeichnet, kaum erfüllen kann.[42]

William Lilly sprach bei der Übereinstimmung eines Tagesplaneten in einem Taghoroskop über der Erde und in einem männlichen Zeichen von „hayz“, aber er erachtete es für angemessener, wenn er einen Nachtplaneten in der Nacht in einem weiblichen Zeichen unter der Erde fand. In Stundenhoroskopen bezeichnete ein so gestellter Signifikator “die Zufriedenheit des Fragestellers.[43]

[41] Mehr zu den Sektionen siehe in: Robert Hand. *Traditionelle Astrologie*. Tübingen 2008.

[42] Guido Bonatti. The Astrologer' *Guide: Anima Astrologiae. Übersetzt von Henry Coley 1676 (London 1986)*. Neuausgabe: *Animae Astrologiae. The Astrologers Guide*. Washington DC 1970, S. 17.

[43] William Lilly. *Christliche Astrologie Bd.1*, S. 140.

Bei der Lektüre der Deutungen für die Planeten in den Häusern, die uns Firmicus hinterlassen hat, wird deutlich, dass er großen Wert darauf legt, ob ein Planet mit seiner eigenen Sektion übereinstimmt, wobei Tagplaneten ein gewisses Maß an Verletzung in Nachthoroskopen hinnehmen müssen (und umgekehrt). Das folgende Beispiel seiner Deutung von Saturn im 10. Haus verdeutlicht den Unterschied, den ein Planet in seiner Sektion oder nicht in derselben stehend auslöst:

Im 10. Ort der Genitur bezeichnet Saturn Kaiser, Kommandanten und Befehlshaber der Leibwache. Steht Saturn bei einer Taggeburt im M.C. in seinem Zeichen oder in seinen Grenzen und die Sonne im Horoskop, so bedeutet er wohlhabende Großgrundbesitzer mit ehrenvollem Ruf, deren Besitztümer in der Nähe der See, in der Nähe von Flüssen oder Sümpfen liegen. Ist Saturn außerdem frei von einer Bestrahlung durch Mars, so gibt er außerordentlichen Reichtum, Ruhm und Erbschaften von Seiten Höhergestellter. Wird Saturn von Mars stark bestrahlt, so schränkt diese Bestrahlung das oben Gesagte wesentlich ein. Saturn bei einer Nachtgeburt im M.C. verheißt Unglück, Verlust des Erbteils, Ehelosigkeit und Kinderlosigkeit, namentlich wenn er noch in dem Zeichen, Ort oder Grenzen eines Übeltäters steht. Ein guter Aspekt von Jupiter oder Venus hilft hier viel. Allgemein ist aber Saturn in einem Kardinalort der Genitur stets ein großes Unglück, weil der Geborene immer Frau und Kinder verliert und viel Bitterkeit auskosten muss.[44]

Wenn die klassische Astrologie sich die Sektionen als einen dominierenden Einfluss zu eigen machte und wir das obige Beispiel im Hinterkopf haben, dann kann man annehmen, dass es für die Venus, einen weiblichen Nachtplaneten, absolut unpassend ist, die Herrschaft über den Höhepunkt der Tageshälfte innezuhaben. Ebenso ist es für Saturn, einen männlichen Tagplaneten, unange-

[44] Firmicus. *Die Acht Bücher des Wissens*, S. 98.

messen, Herr über den tiefsten Punkt der Nacht zu sein. Indem wir die „Tempel“ dieser beiden Planeten wieder rückübertragen in den von Firmicus beschriebenen Zustand, passt das ganze Schema wieder tadellos. Die Tagplaneten regieren in der Taghälfte und die Nachtplaneten herrschen in der Nachthälfte.

Selbstverständlich wäre es wichtig, eine Wohltäterin wie die Venus in ein angemessen günstiges Haus zu stellen. Obwohl alle Häuser unter dem Horizont als nachrangiger angesehen werden als die oberhalb des Horizonts stehenden, passt das 5. Haus dennoch ganz gut aufgrund seines harmonischen Trigons zum Aszendenten. Obwohl Saturn eine geringere natürliche Verbindung zum 12. Haus hat als zum 4. Haus, haben sie doch eine gewisse Ähnlichkeit, weil beiden ein verderblicher Einfluss nachgesagt wird, und ihre Auswirkung ist einschränkend und restriktiv.

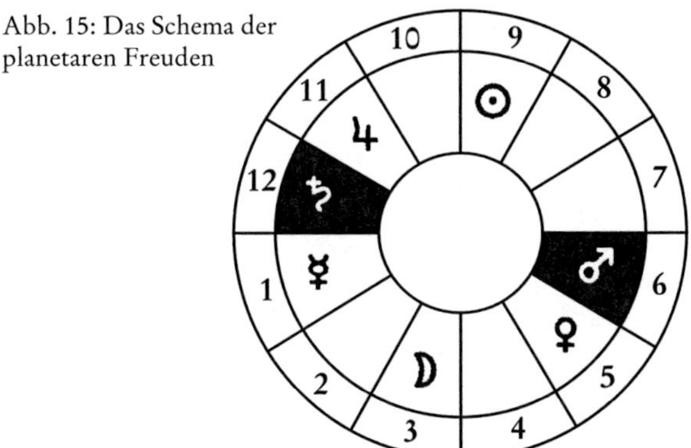

Abb. 15: Das Schema der planetaren Freuden

Das 5. Haus

Die vorangegangene Diskussion zeigt, dass wir im Falle des 5. Hauses ein interessantes Beispiel dafür haben, wie Planeten, die gedanklich über die Häuserherrscher oder Freuden assoziiert werden, ihre

Bedeutung in die Häuser strahlen und wie sich diese Bedeutungen in Übereinstimmung mit einer Veränderung der planetaren Deutungsinhalte verändert haben. Selbst wenn wir akzeptieren, dass ein Großteil des guten Rufes des 5. Hauses sich aus dem Trigon zum Aszendenten herleiten lässt, so sind die Details der Deutung, die von den Autoren nach Manilius verwendet werden, eindeutig venusischen Ursprungs. Firmicus informiert uns ziemlich deutlich darüber, dass die alten Astrologen das 5. Haus das „Haus des Glücks" nannten, weil es das Haus der Venus ist. Betrachten wir einige der traditonellen Deutungen:

- Grundsätzlich kennzeichnet des 5. Hauses Schwangerschaft und Kinder, wie es sich für Venus, die „Göttin der Fruchtbarkeit" geziemt. Der Geschichtsschreiber Plinius schreibt über sie: „Durch ihr Wesen wird alles auf der Erde erzeugt; denn bei ihren beiden Aufgängen spendet sie belebenden Tau und befruchtet nicht nur den Mutterschoß der Erde, sondern reizt auch alle lebenden Wesen zu Zeugung."[45]
- Der arabische Astrologe Al Biruni (11. Jh.) nannte es das Haus der Freude, Kleider, Vergnügens und der Freunde – was alles unter die natürliche Herrschaft der Venus fällt. [46]
  Der hebräische Astrologe Ibn Ezra (12. Jh.) beschreibt eine Verbindung mit Freude, Essen, Trinken, Geschenke und Diplomaten.[47]
- Claude Dariot (16. Jh.) benutzte das 5. Haus für Liebe, Botschafter und Geschenke. [48]
- William Lilly (17. Jh.) nannte es das Haus der Freude und assoziierte dieses mit Tavernen, Spielen, Erholung und sportlichen Wettkämpfen – was er übrigens auch der Venus als ihre natürliche Kennzeichnung zuschrieb.[49]

---

[45] Plinius. *Naturkunde Bd. I – Kosmologie*. Düsseldorf 2008, S. 59.

[46] Al Biruni. *The Book of Instruction in the Element of the Art of Astrology*. V 491.

[47] Ibn Ezra. *The Beginning of Wisdom*, Kapitel III, Baltimore 1939, S.193.

[48] Claude Dariot. *A brief and most easie Introduction to the Judgement of the Stars*. 1583. Reprint London 1998.

[49] William Lilly. *Christliche Astrologie Bd.1*, S. 73.

Deutungen des 5. Hauses

Manilius: Ein Bereich der Ungewissheit.

Andere Klassiker: Kinder, Glück, Freundschaft, Talente.

Firmicus: Die Anzahl der Kinder und ihr Geschlecht. „Es wird das Glück genannt, weil es der Ort der Venus ist. Günstig, weil es in einem Trigon zum Aszendenten steht.

Al-Biruni: Kinder, Freunde, Kleider, Freude, Vergnügen, Vermögen des Vaters (das 2. Haus von 4. Haus).

Lilly: Kinder, schwangere Frauen, Bankette, Tavernen, Spiele, Botschafter..

Modern: Kreativität, Kinder, Vergnügungen, Ferien, Liebesaffären, Spiele, Sport. Geschenke, alles was Freude macht.

Auf jeden Fall ist die Ableitung der Bedeutung dieses Hauses von Venus bemerkenswert. Moderne Astrologiebücher, die dem 5. Haus Schwangerschaft und „Kreativität“ zuordnen, da es mit dem fünften Zeichen Löwen zu tun habe, verkennen allerdings, dass Löwe in der traditionellen Astrologie ein steriles und unfruchtbares Zeichen ist. Gerade in Fragen bezüglich einer Schwangerschaft ist das 5. Haus ein Hauptargument, um eine fehlende Fruchtbarkeit anzunehmen. Ein Blick auf die historische Literatur zeigt, dass – falls überhaupt – dann nur wenige der dem 5. Haus zugeordneten Herrschaften sich vom Zeichen Löwe herleiten lassen. Dieses Haus war unauslöschlich von der Aura der Venus gefärbt. Es ist auch bezeichnend, dass Manilius bei seiner Beschreibung des Hauses keine einzige dieser Herrschaften erwähnt. Da er die Venus hier nicht platziert hatte, gab es für ihn auch keinen Grund dazu.

Das 11. Haus

Das dem 5. Haus gegenüberliegende 11. Haus war den klassischen Autoren als das „Haus des guten Geistes“ bekannt. Ein Planet im 11. Haus hatte sich weit genug vom Aszendenten entfernt, um in einem klaren Bild gesehen zu werden und beim Aufstieg der Sonne war es frei von Verbrennung. Symbolisch gesehen wurde es so wahrgenommen, dass es sich von dem Beigeschmack der Unterdrückung und der mit dem 12. Haus verbundenen Unsichtbarkeit freigemacht hatte. Das 11. Haus bezog sich auf einen Zustand der Stärke, Freiheit, Erlösung, Hoffnung, des Triumphes sowie der Erlangung von Wünschen und des Glücks. Dies ist der Tempel Jupiters.

Heute sprechen wir beim 11. Haus vom Haus der Freunde, aber das schließt Wohltäter und alle, die unsere Ziel unterstützen und fördern, mit ein, wie es sich für dessen planetaren Herrscher gebührt. Alle Symbolik, welche die Interpretation dieses Hauses untermauert, ist günstig. Außer der Zuschreibung des „großen Glücks“ bildet das 11. Haus ein Sextil mit dem Aszendenten. Noch wichtiger ist, dass es eine erhöhte Stellung über der Erde einnimmt und in der täglichen Bewegung in Richtung Himmelsmitte aufsteigt. Es ist diese nach oben gerichtete Bewegung, die diesem Haus eine Verbindung mit Engagement und positiven Ambitionen verleiht. Manilius schreibt, dass das 11. Haus das günstigste von allen ist, sogar besser als das 10. Haus. Denn während die Himmelsmitte zwar Erfüllung und Macht repräsentiert, so gibt es für sie nichts, das sie anstreben könnte – sie kann sich lediglich nach unten senken.

> *Das höchste begleitet Vollendung. Schlechter werden die Bahnen von da, und erfüllt sind die Wünsche. Darum verwundert es nicht, wenn das Haus dem Zenit äußerst nahe, und sogar frischer als dies, samt dem Los der Fortuna geweiht ist.*[50]

---

[50] Manilius. II, 884-88. S. 181.

Folglich ist es mit Hoffnungen, Vertrauen und Erwartungen verbunden, das Hinarbeiten auf etwas, wobei das Ziel immer noch weit genug weg ist, um Eingebungen zu sammeln. Es verleiht Optimismus, Freude, Glaube, und Glück. Lilly kannte es als das Haus der Freundschaft, der Hoffnung, des Anvertrauten und des Vertrauens, des Lobes. Er meinte, wenn ein Klient fragt, ob er eine erhoffte Sache erreichen wird, oder einen geheimen Wunsch hat, den er nur widerwillig preisgibt, dann wird der Herrscher des 11. Hauses enthüllen, ob er das, was er will, erlangen wird.[51] Ein günstiges 11. Haus und ein stark gestellter Herr des 11. Hauses sind ein Segen in jedem Horoskop.

Deutungen des 11. Hauses

Manilius: Hoffnung, Triumph, gesegnet mit viel Glück. Der Tempel des Jupiter.

Andere Klassiker: Glück, Hoffnung, Erfüllung der Wünsche, befreite Personen, Freunde, Geschenke, Kinder.

Firmicus: der gute Geist. Günstig, da es den Aszendenten mit einem Sextil aspektiert und weil es das Haus Jupiters ist.

Al-Biruni: Glück, Freunde, Lob, Frauenfreundschaften, Ornamente, Geschäfte, Vitalität.

Lilly: Freunde und Freundschaft, Hoffnung, Vertrauen, Wohlergehen, Fortschritt durch Empfehlungen von Freunden, geheime Hoffnungen und Wünsche.

Modern: Freunde und Bekanntschaften, Clubs und Gesellschaften, Lebensziele, intellektuelles Vergnügen, Einzelkontakte in täglichen Angelegenheiten.

---

[51] William Lilly. *Christliche Astrologie Bd.1*, S. 506.

Der König und die Königin: 3. Haus / 9. Haus

Ihm gegenüber erglänzt das Kosmosgebiet, das als erstes aller untersten Häuser emporsteigt und wieder den Himmel zurückführt, sowie dem Geschick und dem Tod von Brüdern gebietet; und es erkennt als Herrin die Phoebe, welches des Bruders Königreich strahlen sieht in dem Himmelsgebiet gegenüber und mit dem schädlichen Schwund des Gesichts an das Ende erinnert. Dieses Gebiet wird auf römisch als „weibliche Gottheit“ bezeichnet.

Manilius[52]

Je mehr die Ursprünge der Astrologie erforscht werden, umso offensichtlicher wird, dass die komplexe Struktur ihrer Techniken aus den einfachsten Bedürfnissen der Gesellschaft und des Überlebens heraus entstanden sind. Die Astrologie der Gegenwart passt die Hausbedeutungen an, um die Vorstellungen des modernen Lebens in sich aufzunehmen. Aber die Essenz der Häuser ist zeitlos, universell und für alle Völker und Weltanschauungen relevant. Der Überlebenskampf und die Beziehung zum Kosmos; Leben; Paarung; der Rückhalt der Kinder und die Familienbande; die Vorsorge an Nahrung und Schutz; Freiheit und Gesundheit; Krankheit und Tod – diese Grundbedürfnisse verbinden uns alle, Mensch und Tier, und sind der Angelpunkt, an den alle späteren Hinzufügungen zu den Häusern gebunden sind. Obgleich die Astrologie sich

[52] Manilius. II, 909. S. 183.

für viele verschiedene Schattierungen und Lebensstile eignet, liegt ihre Stärke gerade darin, dass sie grundsätzlich ein Studium des Lebens ist.

Ganz ähnlich liegt der Ursprung vieler astrologischer Techniken einfach in der Erkenntnis der Zyklen von Sonne und Mond um die Erde. Diese beiden Planeten werden als Partner und Gegenspieler angesehen: Die Sonne entspricht dem Tag, und ihre Domäne liegt in der oberen Hälfte des Horoskops, während der Mond zur Nacht gehört und in der unteren Horoskophälfte regiert. Auch wenn es nicht dem widerspricht, was für uns heute Sinn machen würde, so galt das 10. Haus für die antiken Astrologen nicht als Tempel der Sonne und das 4. Haus war nicht der Tempel des Mondes, sondern sie nahmen stattdessen das 9. und das 3. Haus. Dies scheint abermals auf eine ältere, tiefer liegende Erkenntnis der Tagesbewegung hinzudeuten. Wobei es gerade die Zeit des Durchgangs der Sonne durch das 9. Haus ist, also die Zeit unmittelbar nach Mittag, wo die Sonnenstrahlen am stärksten und effektivsten empfunden werden. Nicht umsonst rät man uns ab, im Sommer während dieser Zeit in der Sonne zu sein.

Das 3. Haus

Aus symbolischen Gründen war es auch angemessen, den Mond mit dem 3. Haus und nicht mit dem 4. Haus zu assoziieren. Das 4. Haus ist mit dem Tod verbunden, einer der Gründe, warum Manilius es als den Tempel des Saturn, des „Schnitters Tod“ bezeichnete. Aber aus dem Prozess des Todes heraus nahm das Leben einen neuen Anfang und gelangte erneut unter den Einfluss des Mondes, dessen Verbindung mit der Fruchtbarkeit offensichtlich ist. Der Mond ist die Personifizierung der Großen Göttin, deren Essenz die Erde durchdrang und Nahrung und Schutz bot. Dementsprechend wurde das 3 Haus Dea oder Göttin genannt. Dazu Ptolemäus:

Der Mond scheint ebenso seinen Einfluß auf alles Erdhafte geltend zu machen, da fast alles Beseelte und Unbeseelte die Kraft des Mondes und seine Wirkung zu empfinden vermag. Die Gewässer fallen und wachsen mit ihm, es ahmen seinen Auf- und Niedergang Ebbe und Flut des Meeres nach, Pflanzen und Tiere, sei es nun ganz, sei es in den einzelnen Teilen, beginnen zu schwellen und zu strotzen, wenn er im Zunehmen ist, und zu versiegen und dörren, wenn er wieder abnimmt.[53]

In der traditionellen astrologischen Philosophie repräsentiert der Mond die mundane, elementare Welt, den animalischen Geist oder „Geist der Erde". Auch in der Astronomie besteht zwischen Erde und Mond eine spezielle Beziehung – zusammen bilden sie ein Zweiersystem mit einem gemeinsamen Zentrum der Schwerkraft, welches in der Erde liegt. Unsere Vorfahren waren sich der ausgeglichenen Beziehung zwischen beiden Himmelskörpern bewusst aufgrund des offenkundigen Einflusses des Mondzyklus und den ihm entsprechenden Auswirkungen auf die gesellschaftlichen und kulturellen Angelegenheiten der Gemeinschaft. Als Konsequenz daraus ist es nicht falsch, den Mond, unsren nächsten Nachbarn im All, als Herrscher des 3. Hauses anzusetzen, welches unsere nächste Umgebung auf der Erde regiert. Heute kennen wir das 3. Haus als das „Haus der Nachbarn", aber diese Verschiebung in der Terminologie erinnert uns nicht mehr an den Gemeinschaftsgeist, der bei unseren Vorfahren noch so lebendig war. Dies bezieht sich nicht nur auf unsere engste Umgebung, sondern auch auf unser alltägliches Umfeld und die eng verflochtene Gemeinschaft, mit der wir unsere Ideen und Ansichten austauschen. Brüder, Schwestern, Cousins, Cousinen und nächste Verwandte sind die wichtigsten Themen dieses

[53] Ptolemäus. *Tetrabiblos*, S. 14.

[54] Das 3. Haus hat ähnlich wie das 11. Haus traditionell eine Verbindung zu Freundschaft aufgrund des Sextils dieser Häuser mit dem Aszendenten. Aber die Freundschaften des 3. Hauses sind mehr persönlicher oder familiärer Natur, da es in der unteren Hemisphäre steht. Die Freundschaften des 11. Hauses, das in der oberen Hemisphäre steht, haben einen starken Bezug zu „sozialen Freundschaften".

Hauses[54]. Ausgenommen ist aber die ältere Generation der Eltern und Großeltern, die von dem 4. Haus der Wurzeln und der Abstammung repräsentiert werden. Traditionell ging man nicht davon aus, dass sich Eltern mit ihren Kindern auf Augenhöhe als gleichrangig auseinandersetzten, so wie dies die Geschwister taten. Die Rolle der Eltern bestand darin, den Kindern ein Gespür für moralische Werte beizubringen, sie zu schützen und ihnen die eigene Erfahrung weiterzugeben und so der nächsten Generation zu ermöglichen, von Altersweisheit und Reife zu profitieren.

Deutungen des 3. Hauses

Manilius: Glück und Schicksal der Brüder. Der Tempel des Mondes

Andere Klassiker: Brüder, Freunde, Verwandte. Wohlstand, Botschaften, Göttin, Sklaven, Reisen

Firmicus: Brüder, Schwestern und Freunde. Reisende. Günstig, da es den Aszendenten in einem Sextil anschaut. Wird auch Dea, die Göttin genannt.

Al-Biruni: Brüder, Schwestern, Verwandte, Angeheiratete, Juwelen, Freunde, die Eingrenzung, kurze Reisen.

Lilly: Familie und Nachbarn, kurze Reisen oder Inlandsreisen, Briefe, Gerüchte, Berichte und Botschaften

Modern: Familie, Schule, Erziehung, kurze Reisen, Kommunikation,, Rede, Verstand. Umgebung. Selbstausdruck

Unter den prinzipiellen Herrschaften des 3. Hauses finden wir: Schreiben, Botschaften, Gerüchte, alle Formen der Kommunikation und kurze Reisen. Spontan nehmen wir an, dass sie dies aus dem Zusammenhang des 3. Hause mit dem Zeichen Zwillinge und dessen Herrscher Merkur ableitet. Aber für die Alten hatte der Mond immer eine spezielle Verantwortung für Kommunikation und insbesondere, wenn es um das Überbringen von geschriebenem Wort ging. Das geschriebene Wort wurde ursprünglich als ein heiliges Symbol angesehen, nicht minder magisch für den Transport von Bedeutungen und Absichten als jedes andere Symbol. Für die alten Ägypter war der Mondgott Thot der „Gott der Schreiber", dessen Symbol der Schreibstift war. Er war der Sekretär und Bote der Götter und verkörperte die meisten Attribute, die später von den Griechen dem Hermes und von den Römern dem Merkur zugewiesen wurden.

Die Forschungsergebnisse der Gauquelins haben den Astrologen die Bedeutung des Mondes in Horoskopen von Schriftstellern und Autoren wieder in Erinnerung gebracht[55], dabei hatte die klassische Astrologie diesen Standpunkt schon immer vertreten. Sowohl der Mond als auch Merkur sind die Hauptsignifikatoren für den „Verstand", wobei Merkur eher dazu neigt, die rationale Seite zu repräsentieren, während der Mond eher den imaginativen Bereich repräsentiert. Wenn allerdings ein Renaissance-Astrologe wie Girolamo Cardanus von dem Einfluss der Planetensphären über das Lernen spricht, dann assoziiert er Merkur mit Geometrie und Arithmetik, während er den Mond mit dem Erlernen der Grammatik verbindet.[56]

Früher war der Mond auch als „Reisender" bekannt, weil er sich so schnell am Himmel bewegte und wir begegnen immer wieder Auflistungen wie in etwa in William Lillys Christlicher Astrologie, die dem Mond Begriffe wie „Botschafter", „Reisender" und

---

[55] Die Forschung Gauquelins zeigte auf, dass der Mond bei einer überdurchschnittlichen Anzahl von Schriftstellern signifikant war, indem er in deren Horoskopen kulminiert oder aufstieg. Siehe: Michel Gauquelin. *Die Uhren des Kosmos gehen anders*. Bern, München, Wien, 1975.

[56] Cardanus schreibt: „Der Mond kennzeichnet die Grammatik. Merkur die Geometrie und die Arithmetik; Venus Musik und Poesie; die Sonne die Moral; Jupiter die natürliche Welt, Mars die Medizin, Saturn den Ackerbau." Aus: *De Vita Propria, Kapitel XXXVII*, zitiert in: W.G. Walters, *Jerome Cardan – A Biographical Study*, London 1898. Dante geht im Buch 2 seiner *Göttlichen Komödie* ebenfalls darauf ein.

„Briefträger" zuordnen.[57] Dies hat damit zu tun, dass eine Übertragung durch den Mond (durch seine Separation von dem einen und seine Applikation zu dem anderen Planten) das Weitergeben von Informationen, eine Meinungsäußerung oder eine wichtige Kommunikation symbolisiert. In der traditionellen Astrologie besteht die Hauptrolle des Mondes darin, „die Einflüsse zu übertragen", wobei er die Tugenden der Planeten sammelt, während er zwischen ihnen läuft, und er bringt ihre Einflüsse unten in der sublunaren Sphäre auf der Erde zum Tragen. Guido Bonatti betrachtete den Mond als Mediatrix zwischen den oberen und den unteren Himmelskörpern:

> *Denn er ist der Lehrer aller Dinge; er bringt alle Planeteneinflüsse herunter und schafft eine Art „Vermittlung" zwischen ihnen, indem er ihre Tugenden vom einen zum anderen trägt, denn er empfängt die Disposition des einen Planeten und trägt diese zum nächsten.*[58]

Die besondere Verantwortlichkeit des Mondes über das Mundane, das „Alltägliche" und das „Irdische" , kommt auch klar in der Naturphilosophie von William Ramesey zum Ausdruck:

> *Der Mond übt den stärksten Einfluss aller Planeten auf die elementaren Körper aus infolge seiner Nähe zu uns und seiner Schnelligkeit. Denn dadurch überträgt er Licht und Einflüsse aller oberen Himmelskörper auf uns, indem er eine Konfiguration mit diesen eingeht.*[59]

Ein direkter Beleg dafür, dass diese Art des Mondeinflusses in die Signifikatoren des 3. Hauses eingebettet ist, erscheint in Bonattis Erklärung der planetaren Freuden.

---

[57] William Lilly. *Christliche Astrologie* Bd.1, S. 105.

[58] *The Astrologers Guide: Anima Astrologiae*, übersetzt von Henry Coley 1676, Neuausgabe: Washington DC 1970), darin Consideration 9, S. 6 f.

[59] William Ramesey. *Astrologia Restaurata (Astrology Restored)*, Kapitel 7, London 1653.

Abb. 16: Planetare Freuden bei Bonatti

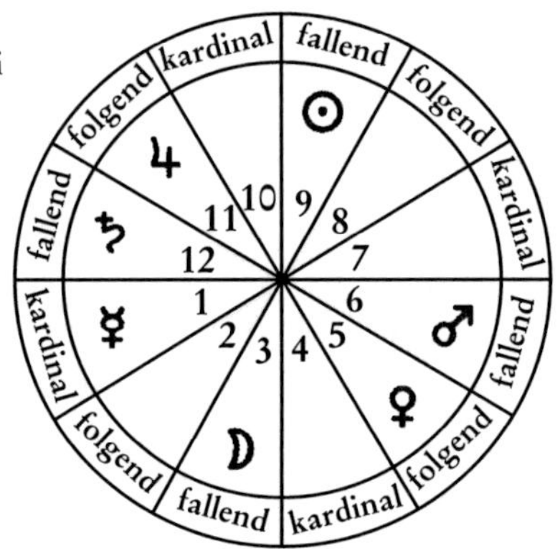

Der Mond erfreut sich im 3. Haus, denn dieses steht für kurze und schnelle Reisen, sowie für Dinge, die sich schnell verändern und die sich wiederholen. Deshalb bezeichnet der Mond plötzliche und schnelle Veränderungen von einem Vorhaben zum nächsten, von einer Sache zur nächsten.[60]

Es wäre falsch anzunehmen, dass die Neigung des Mondes zu Veränderungen aus der Verbindung mit dem 3. Haus erwachsen ist. Das ist eindeutig nicht der Fall. Der Mond ist ein empfänglicher und veränderlicher Planet, da er seine Wirkung aus den Planeten zieht, mit denen er in Verbindung steht, was schnelle Veränderung der Gewichtung und des Einflusses verursacht. Außerdem wird er inhaltslos, wenn er ohne einen Aspekt oder im Leerlauf ist. Wie Ramesey beobachtet:

„Er ist weder günstig noch ungünstig, es sei denn, er ist mit einem Wohltäter oder einem Übeltäter konstelliert oder in einer Konfiguration mit diesen.“[61]

Es ist wohl so, dass sich die Verbindung des 3. Hauses mit wechselhafter Umgebung oder kurzen Reisen eher aus seiner Assoziation mit dem Mond entwickelte. Die traditionelle Bedeutung des

[60] Guido Bonatti. *Liber Astronomiae*, Teil 2, Berkeley Springs, S. 100.

[61] William Ramesey. *Astrologia Restaurata*, Kap. VII.

Mondes umfasste auch die alltägliche Umgebung, die Stammesgemeinschaft, unerwartete Reisen und Veränderungen, Schreiben sowie alle Formen der Kommunikation. Wir sollten es sicher nicht nur als Zufall betrachten, dass das Haus, welches man als seinen Tempel sah und ihm zu Ehren benannte, über alle diese Dinge herrscht.

Das 9. Haus

Während der Mond als die Große Göttin angesehen wurde, welche die Menschheit durch ihre irdische und sterbliche Umgebung beeinflusste, galt die Sonne als die höchste Gottheit und als Herrscher über den Götterhimmel. Für die Ägypter bezeichnete die Scheibe der Sonne das Gesicht Gottes, und die Erforschung der antiken Theologie weit verbreiteter Kulturen zeigt zunehmend, dass die Sonnensymbolik die Vorstellung von Gott als dem Schöpfer und als Quelle allen Lebens unterstützt. Das 9. Haus, durch welches die Sonne kurz nach Mittag läuft, wurde als der Tempel der Sonne angesehen. Manilius schreibt dazu:

> *„Aber die Sterne nach Mittag und hinter der erstmals gekrümmten Kuppel des von der höchsten Höhe sich neigenden Kosmos nährt mit dem Glanz die Sonne; und was unsere Leiber darunter alles an Schwächen und Stärken erhalten, entnehmen sie ihren Kräften. Im Griechischen heißt jene Stelle „die männliche Gottheit“*[62]

Aufgrund dieser Gleichsetzung mit der Sonne, dem Souverän des Himmels, wird das 9. Haus mit Schicksal und Verhängnis und dem Willen der Götter gleichgesetzt. Zu den traditionellen Signifikatoren gehören Religion, Offenbarung, Träume, Visionen und

[62] Manilius. II, 904-909. S. 183.

Wahrsagen. Heute nennen wir es das Haus der Religion und der Kirche, wobei oft vergessen wird, dass Spiritualität früher eng mit der Divination als Weg zur göttlichen Offenbarung verquickt war.

Cardanus wies bei der Sphäre der Sonne darauf hin, dass diese zur moralischen Welt gehörte[63], obwohl die antiken heidnischen Religionen sich nicht ausschließlich mit dem befassten, was moralisch richtig war, sondern auch den Göttern die Ehre erwiesen, sich mit deren Willen verbanden und deren Billigung erlangten, um in deren Gunst zu stehen.

Die Verbindung des 9. Hauses mit der Sonne – und der Bezug der Sonne zur Divination – spiegelt sich in der Charakteristik der meisten Sonnengötter wider. Seit dem 5. Jahrhundert vor Christus war Apollon der oberste Sonnengott der Griechen, der mit Licht, Ehre und Reinheit assoziiert wurde, aber ebenso auch mit Weisheit, Divination und Prophetie. Seine Eigenschaften glichen denen von Shamash, dem Sonnengott Mesopotamiens, der dort als „Enthüller des Lichts“ bekannt war; der Gott, der in der Lage war, sein Licht auf die dunklen Mysterien zu werfen und alles zu enthüllen, was verborgen und undurchsichtig war.

Im 9. Haus wird das elementare, irdische Wissen, das anhand alltäglicher Erfahrungen im 3. Haus zusammengetragen wurde, auf eine höhere Ebene der Fassungskraft gehoben, die inspiriert ist und in die größeren Mysterien eindringt. Da das 9. Haus mit der Sonne verbunden ist, wird diesem alles zugeordnet, was mit dem Höheren Geist oder mit philosophischem Verständnis zu tun hat. Ebenso ist es mit Orten verbunden, an denen Wissen und Verstand entwickelt werden (wie z.B. die Universitäten, einst ein Ort kirchlicher Vorherrschaft). Bezüglich der Verbindung mit den langen Reisen sagt man, dass dies eine Erweiterung des Wunsches zu lernen sei, in dem Sinne, dass wir auf Reisen unseren körperlichen und geistigen Horizont erweitern. Dies scheint auch durch die neuzeitlichen Assoziationen mit Jupiter unterstützt zu werden. Die antike Entstehung liegt jedoch in der klassischen Vorstellung, dass alle fallenden

---

[63] *Cardanus. De vita Propria*, Kapitel xxxvii.

Häuser exotische Plätze, ausländische Territorien und Reisen repräsentieren, die uns wegführen aus der Behaglichkeit und Sicherheit der Heimat. Da das 3. Haus mit den schnellen Veränderungen des Mondes und der mundanen Umgebung assoziiert wird, sind die Reisen des 3. Hauses kurzzeitig und niemals zu fremdartig. Aber das 9. Haus, das mit dem längeren Jahreslauf der Sonne verbunden ist und zudem als der Sitz der Göttlichkeit gilt, spiegelt Orte und Situationen wider, die jenseits unserer üblichen Reichweite liegen und uns in unbekannte Gefilde führen. Diese sind oft mit spiritueller Suche und Orten des Rückzuges verbunden. Es ist bemerkenswert, dass William Lilly zur Beurteilung langer Reisen das 7.Haus

Deutungen des 9. Hauses

Manilius: Schicksal und die Ratschlüsse der Götter. Der Tempel der Sonne.

Andere Klassiker: Reisen, Gott, Manifestationen der Götter, Offenbarungen; Weissagung; Freundschaft mit dem König und Vorteile vom König.

Firmicus: Religion, Auslandsreisen, die soziale Klasse des Menschen, Das Haus des Sonnengottes. Günstig, weil es den Aszendenten in einem Trigon aspektiert.

Al-Biruni: Reisen, Religion, Schicksal, Erlangung von Wissen aus den Sternen und durch Divination, Philosophie, Traumdeutung.

Lilly: Fremde Länder, lange Reisen, weit entfernte Orte, Religion; der Klerus, Träume, Visionen, Lernen.

Modern: Höhere Bildung, Reisen, Ausländer, Sprachen, Moralvorstellungen. Bewusstsein, Träume.

heranzieht, um den Bestimmungsort anzugeben, während er das 9. Haus als einen Hinweis darauf nimmt, dass der Reisende

> *....von dem Ort, an den er zuerst ging, in ein anderes Land gezogen (ist). Bei entsprechender Zulassung ist er einem religiösen Orden beigetreten.... Es ist auch wahrscheinlich, dass er durch eine Reise weit entfernt weit entfernt von seinem früheren Aufenthalt beschäftigt ist.*[64]

Die Häuser 3 und 9 sind auch bekannt dafür, dass sie in der klassischen Periode verwendet wurden, um die königliche Abkunft darzustellen, wobei das 3. Haus besonders für Könige und das 9. Haus für Königinnen stand. Andere Gesichtspunkte der astrologischen Symbolik unterstützen den Ansatz, dass Königtum dem 10. Haus zugeordnet werde sollte. Hier gibt es lediglich die Erklärung, dass diese Deutung sich aus der Verbindung zwischen den Hausspitzen und den beiden Lichtern entwickelt hat.

---

[64] William Lilly. *Christliche Astrologie Bd.1*, S. 220.

Abschluss und Niedergang: 6. Haus / 12. Haus

Diesmal genügt es, die Himmelsbezirke und Namen zu merken und die Wirkung des Hauses an sich und seinen Regenten.

Manilius[65]

In der antiken Astrologie hatten das 6. Haus und das 12. Haus ähnliche Bedeutungen, die jeweils mit Schwäche, Gebrechlichkeit und mühseliger Arbeit zu tun hatten. Manilius sagt zu dieser Achse:

> *Über dem Aufgang des Hauses, das dritte vom Kulminationspunkt [das 12.], ist voller Unheil, den kommenden Dingen feind und an Schaden überaus reich. Dies nicht allein, es ist jenem vergleichbar, welches mit unheilträchtigem Sternbild ganz nah unterm Westpunkt leuchtet [6. Haus]. Und trotz eines Hauptpunktes des Kosmos geht's keinem von ihnen besser, sie gelten beide durch drohenden Sturz als entmutigt. Tore der Plage sind beide: man muss hinauf wie hinunter.*[66]

An diesem Zitat wird ersichtlich, dass die überwiegende Grundlage für ihre Schwäche in ihrer Abstammung zu suchen ist – das eine wie das andere bewegt sich niedergeschlagen von einem Kardinalpunkt weg und hat dabei den Ruin vor Augen. Das Wort kardinal kommt vom lateinischen cardo, was Scharnier, Achse oder

[65] Manilius. II, 966. S 189.
[66] Manilius. II, 864. S. 179.

Angelpunkt bedeutet und das ganz allgemein auf etwas hinzuweist, das von besonderer Bedeutung ist. Für Manilius bedeuten die kardinalen Häuser Kraft, weil sie die Himmelssphäre unterstützen. Er behauptet:

> *Diese Orte verleihen besondere Kräfte. Sie wirken laut Theorie am meisten auf die Geschicke. Der ganze Tierkreis verlässt sich auf sie wie auf unverrückbare Klammern.*[67]

Die nachfolgenden Häuser werden so bezeichnet, weil die in ihnen stehenden Planeten in der Tagesbewegung der kardinalen Position nachfolgen. Manilius sagt, dass das 5. Haus noch nicht in einer kraftvollen Position ist, aber bereit ist, danach zu streben – was heißen soll, dass die Tagesbewegung d in ihm stehenden Planeten zu einer wesentlich einflussreicheren Position tragen wird, sobald sie das 4. Haus betreten.

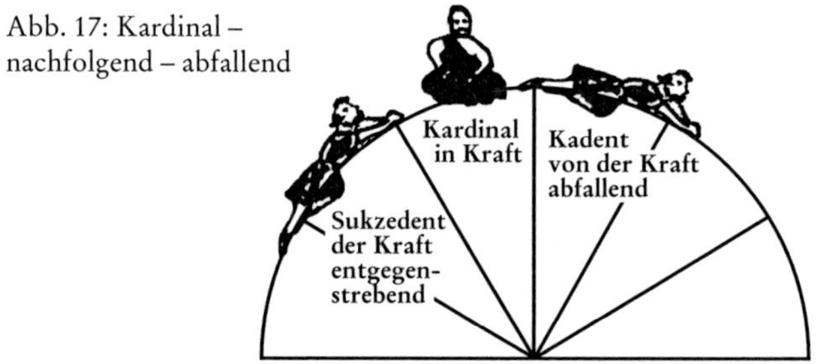

Abb. 17: Kardinal – nachfolgend – abfallend

Das lateinische Wort *cadent* bedeutet fallend oder verschlechternd und entspringt derselben Wortwurzel wie *cadaver*, was vermodert oder gestürzt bedeutet und was sich in einem medizinischen Sinne auf eine Leiche bezieht. Ein Planet in einem kadenten oder fallenden Haus wurde von der Tagesbewegung aus der kardinalen Position wegbewegt und symbolisiert jemanden, der sich aus

---
[67] Manilius. II, 801. S 173.

einer gestärkten Position in einen Zustand der Schwäche begeben hat. Oder es steht für jemanden, der in Ungnade fällt. Die Eckhäuser bezeichnen unsere „Kraftorte“, Bereiche der Vertrautheit und der Kontrolle. Je größer der Abstand zwischen einem Planeten und den Eckpunkten ist, desto weniger Kraft besitzt er und umso mehr Entfremdung erfährt er in seiner Umgebung. Ursprünglich repräsentierten alle fallenden Häuser etwas von fremden Orten oder unbekannten Situationen. Der Mangel an Vertrautheit untergräbt die Möglichkeit, effektiv zu sein und bezeichnet im Gegenzug Schwäche bzw. bringt Begleiterscheinungen von Angst und Gefahr. Aber während die günstigen Aspekte vom Aszendent zum 3. Haus oder zum 9. Haus diese Auswirkungen abmildern, verschärft sich die Lage beim 6. Haus und beim 12. Haus dadurch, dass es kaum einen Zugang zum Licht des Aszendenten gibt.

	Eckhaus	**Nachfolgendes Haus**	**Fallendes Haus Schwach**
Die Stärke der Situation	Stark	Mittel	Schwach
Zum Auffinden verlorener Gegenständer oder vermisster Personen	Im Haus oder in der Nähe des Fragestellers	Weiter entfernt, aber nicht zu weit weg	Sehr weit weg
Wahrscheinlichkeit des Auffindens	Hoch	Mittel	Wenig Hoffnung
Zeitspanne (bei der Applikation der Signifikatoren)	Rasch (innerhalb Tagen)	Nicht so bald (Wochen)	Langsam (Monate)
Bei Fragen nach dem Preis	Hoher Preis	Gerechter Preis	Niedriger Preis
Bei Fragen zu Gesundheit/ Krankheit oder Tod	Starke Vitalität, Tod unwahrscheinlich	Kann sich in beide Richtungen entwickeln	Deutet auf einen Mangel an Vitalität hin und spricht eher für Krankheit oder Tod

Abb. 18: Die Verwendung der Stellung in Eckhäusern bei der Prognose

Das 12. Haus

Obwohl wir das 9. Haus noch immer als das „Haus der Kirche" bezeichnen, sind wir allgemein doch dazu übergegangen, es als ein besinnliches Haus zu erkennen, das nicht nur die philosophische oder intellektuelle Suche widerspiegelt, sondern auch die Schatten von spirituellen oder religiösen Ansichten und Erfahrungen. Das 9. Haus hat einen Bezug zu meditativen, inspirativen, persönlichen, heidnischen, divinatorischen oder mystischen Einflüssen, aber auch zum orthodoxen Gottesdienst oder kirchlichen Gepflogenheiten. Was auch immer Dein Gott sein möge, was auch immer die Basis für Deinen Glauben bildet, selbst dessen Ablehnung durch den Atheismus, all dies wird vom 9. Haus vertreten. Indem sie dies oft übersehen, ordnen viele modernen Textbücher die Astrologie und den Astrologen dem 11. Haus zu, vielleicht weil sie nicht gewillt sind zu erkennen, dass die Astrologie in erster Linie divinatorisch ist, obwohl Wissenschaft und alle Bereiche des Lernens, die der Vermehrung von Wissen dienen, ebenfalls dem 9. Haus zugeordnet werden. Ganz ähnlich werden viele Dinge, die man traditionell dem 9. Haus zugewiesen hat wie etwa Träume, Visionen, Kommunikation mit Geistern, „Offenbarungen Gottes" – sogar Spiritualität als solche und die Vereinigung mit Gott – oft mit dem 12. Haus assoziiert. Dies rührt von der Verbindung des 12. Hauses mit dem „Unbekannten" her, mit der Annahme des nicht Greifbaren in den Fischen sowie der modernen Theorie, dass die Zwölf den Lebenszyklus der Häuser durch Auflösung vollendet.

Dies ist ein Zusammenhang, durch den man schnell ein falsches Bild von der Grundbedeutung des 12. Hauses gibt – durch Assoziationen, die es mehr und mehr zum Positiven hin verschieben. Das, was unbekannt ist, mag das Unbewusste widerspiegeln, aber es käme einer ernsthaften Verzerrung der astrologischen Philosophie gleich, dieses Haus als einen Hinweis auf die spirituelle Verbindung mit Gott aufzufassen. Diese Annahme wird durch die klassischen Texte in keiner Weise unterstützt, die das 12. Haus als „ungünstig“ verstehen – der schwierigste, feindseligste und unglücklichste Abschnitt in einem Horoskop. Angesichts der furchterregenden Terminologie ist es kein Wunder, dass modere Astrologen die traditionellen Aussagen als unangenehm empfinden und es manchmal vorziehen, wegzuschauen. Von Manilius als „Tor der Plage“ bezeichnet, von anderen als der „böse Geist, wurde es in der klassischen Astrologe mit Gefängnisstrafe, Sklaverei, Armut, Elend, gehässigen Motivationen, Schande, Schwäche, Selbstvernichtung, und alle Arten von Verletzung assoziiert, bei denen der vitale Selbstausdruck beeinträchtigt wird. Es beschreibt das, was verborgen oder außer Sicht gehalten wird. Daher hat es einen Bezug zu Geheimnissen, heimlichen Aktivitäten, Ausflüchten und manipulativen Feinden. William Lilly brachte es mit Hexen in Zusammenhang, und es ist möglich, dass unsere Vorstellung von Mystik damit zusammenhängt. Dabei dachte Lilly an „Menschen, die boshaft ihre Nachbar hintergehen oder geheim gegen sie aussagen[68], eine angemessene Charakteristik für die unheilvolle Natur dieses Hauses, was man von unserem heutigen Verständnis von Spiritualität und Mystik nicht sagen kann.

Deutungen des 12. Hauses

Manilius: Tempel der ungünstigen Sterne, Elend, Vernichtung und harte Arbeit, schädlich für zukünftige Aktivitäten, zum Scheitern verurteilt.

Andere Klassiker: Unglück, sich selbst zugrunde richten, Sklaven, Feindschaft, Gefahr, Schwäche, Tod, fremde Länder.

Firmicus: Feinde, Sklaven, Gebrechen und Krankheit, der böse Dämon, böser Geist, Haus des Saturn. Geschwächt und passiv, weil es keinen Aspekt zum Aszendenten gibt.

---

[68] William Lilly. *Christliche Astrologie Bd. 1*, S. 76.

Al-Biruni: Feinde, Elend, Ängste, Gefängnis, Schulden, Bußgelder, Bürgschaften, Furcht, Missgeschick, Krankheit, Vieh, Häfen, Sklaven, Diener, Exil.

Lilly: geheime Feinde, Hexen, Kummer, Selbstvernichtung, Gefangenschaft, große Tiere wie Pferde, Ochsen und Elefanten.

Modern: Abgeschiedenheit, Dienst für andere, Wohltätigkeit, das Unbewusste, Selbstausopferung, Wirklichkeitsflucht, Mystik.

Die Grundlage für den ungünstigen Ruf des 12. Hauses ist dessen Anpassung an verschiedene Stränge von negativer Symbolik. Kadenz ist hier ein Ausgangspunkt, aber Ptolemäus erklärte, dass dieses Unglück noch verstärkt wird, weil die Leuchtkraft der Sterne in diesem Himmelsabschnitt aufgrund des spitzen Winkels zum Aszendenten und wegen der Ausdünstungen der Erde verfinstert wird.

> *... das 12. Haus, das Malus genius, der übelwollende Dämon genannt, weil es die Gestirne, die sich über den Horizont erhoben haben, getrübt wieder entlässt und ein fallendes Haus ist, während zugleich in dieses Haus die Erde ihre feuchten Dünste und dichten Nebel ausatmet, welche weder die Farbe noch die Größe der Gestirne erkennen lassen.*[69]

Ein zusätzlicher Faktor ist, dass sich die Sterne innerhalb dieses Bereiches mit dem Aufgehen der Sonne innerhalb der Grenzen der Unsichtbarkeit befinden, aus denen sie erst noch durch ihren heliakischen Aufstieg befreit werden müssen. In diesem Zustand gelten Planeten als „verbrannt" oder „unter den Strahlen der Sonne" und ihr Mangel an Sichtbarkeit ist implizit eine Schwäche und eine

[69] Ptolemäus. *Tetrabiblos*. S. 164.

schwache Ausdrucksmöglichkeit. Das 12. Haus sowie der Zustand der Verbrennung kann herangezogen werden, um Gefangenschaft zu symbolisieren.

Alle diese schwächenden Faktoren, verstärkt durch die Verbindung mit Saturn, wurden in die Bedeutung des 12. Hauses eingeschlossen. Es ist kaum überraschend, dass es viele Gesichtspunkte für Unglück in seiner Bedeutung versammelt hat, die vornehmlich aus der Schwäche und der Unsichtbarkeit abgeleitet wurden, Es kann Angelegenheiten symbolisieren, die bislang noch nicht jenen Grad der Reife erreicht haben, dass sie gänzlich verstanden würden. Oder aus anderen Gründen geht es darum, dass ein offener Ausdruck verweigert wird, vermutlich aufgrund der Gefahr von Missverständnissen oder Ressentiments anderer. Traditionellerweise hat das 12. Haus eine starke Betonung auf Sklaven und Sklaverei und auf Feindseligkeit von Leuten, die im Geheimen gegen uns arbeiten (im Gegensatz zu denjenigen, die eine offenen und direkten Angriff unternehmen und die dem 7. Haus zugeordnet werden). Es ist auch das Haus der Selbstzerstörung, was darauf hinweist, wo wir besondere Vorsicht und Selbstreflexion walten lassen müssen, um zu vermeiden, dass wir gegen unsere eigenen Interessen handeln. Bei der Radixdeutung wird es oft als ein Bereich der Verinnerlichung verstanden, was mit der Verarbeitung schmerzvoller Erfahrungen wie z.B. Schuld, Angst oder Entfremdung zu tun hat. In Anerkennung seines traditionellen Empfindens für Dunkelheit und Schwäche, sehen manche das 12. Haus als Widerspiegelung karmischer Überreste oder aufopferungsvoller Lebensmissionen oder als einen Ort, an dem wir schlicht nicht einfach zu überwindende Bürden ertragen müssen.

Das 6. Haus

In der symbolischen Darstellung der Klassiker fand der Eintritt in die Unterwelt im 6 Haus statt, ebenso begann hier der Prozess der Buße. Das 6. Haus ist der Tempel des Mars oder Nergal in Mesopotamien, der einst den gefürchteten Herrn der Unterwelt und den Urheber von Pest und Krankheit verkörperte. Firmicus berichtet, dass dies ein unglückliches Haus ist aufgrund der Herrschaft des Mars, aber seine Rolle als Schlusslicht und der Mangel an Aspekten zum Aszendenten haben auch eine größere Rolle gespielt.

Ähnlich wie das 12. Haus galt auch das 6. Haus als feindseliger Bereich, voller Elend, Mühe und Plackerei, und hatte besonders mit Krankheiten und Leiden zu tun. In der Antike sagte man auch, dass es mit Sklaverei zu tun habe, aber vermutlich in einer abgeschwächteren Form als im 12. Haus, denn seine traditionellen Herrscherzuordnung bezog sich vornehmlich auf Diener, Mägde und Knechte oder weltliche Routinearbeiten, die notwendigerweise verrichtet werden mussten.

Viele Astrologen der Gegenwart, denen bewusst ist, dass das 6 Haus mit Arbeit und Mühsal zu tun hat, überinterpretieren dessen Einfluss auf die Karriere und berufliche Angelegenheit oftmals. Die Worte „Beruf" und „Karriere lassen sogar ein Streben nach Verbesserung und Wertsteigerung annehmen, aber dies wird passender von der Himmelsmitte repräsentiert. Das 6. Haus hat dagegen mit Plackerei zu tun und gibt kein Versprechen für ein Fortkommen. Der Gebrauch dieser Begriffe untermauert die Negativität dieses Feldes und die körperlichen Einschränkungen, die dieses uns auflädt. Die Tatsache, dass diesem Feld auch Diener zugeordnet wurden, ist eine Widerspiegelung ihres gesellschaftlichen Standes – sie wurden dafür bezahlt, um untergeordnete Aufgaben zu erfüllen, die andere, wann immer möglich, zu vermeiden suchten. Die Art von Arbeit, die das 6. Haus symbolisiert, wird aus der Notwendigkeit heraus verrichtet. Arbeitgeber haben hier nichts zu suchen, während Arbeitnehmer eindeutig hierher gehören.

Das 6. Haus ist allerdings für solche Berufe relevant, die einen großen Anteil an gering entlohnter, harter Arbeit verlangen. Es herrscht auch über Berufe, die direkt mit Krankheiten zu tun haben, und in traditionellen Aphorismen finden wir Hinweise darauf, dass eine Mars/Venus-Konjunktion im 6. Haus ein Argument für einen guten Arzt ist. Cardanus erkannte die Sphäre des Mars als wichtig für das Studium der Medizin, vielleicht auch deswegen, weil die Medizin der Antike so schmerzhaft sein konnte und die Chirurgie mit dem Metzgerhandwerk verglichen wurde. Dies wirft ein interessantes Licht auf die Tatsache, dass Mars in diesem Haus seine Freude hat.

Es besteht die weitverbreitete Neigung, das 6. Haus als das Haus der Gesundheit zu beschreiben, wofür es bereits in alten Texten Belege gibt. Aber dies ist eine schwache Deutung, denn die Signifikatoren dieses Hauses repräsentieren Faktoren, die unsere Gesundheit angreifen. Gesundheit und Vitalität befinden sich im 1. Haus, Krankheit im 6. Haus. Bei einem Dekumbitur bewerten wir, ob der Herrscher des 1. Hauses ein stärker gestellter Planet mit größerer Wirkung ist als der Herrscher des 6. Hauses. Daraus wird beurteilt, ob der Patient die angeborene Stärke und Vitalität hat, um die schädliche Krankheit zu überwinden.

Auch unsere Tiere werden vom 6. Haus repräsentiert, vor allen Dingen kleinere Tiere, was die Verbindung zu Ackerbau und Viehzucht unterstreicht. Dies wurde vor allem im Mittelalter oft angenommen. Der Ausgangspunkt für diese Zuordnung wird daraus abgeleitet, dass Tiere generell als Vieh angesehen wurden – besonders Lasttiere, wobei jedem Tier, das von einem Menschen gehalten wird, ob gezähmt oder nicht, bis zu einem gewissen Ausmaß die Freiheit entzogen wird, die es in freier Wildbahn hätte. Lilly behauptet, dass das 6. Haus über alle Arten von kleineren Tieren herrscht, während das 12. Haus für große Tiere wie Pferde, Ochsen oder Elefanten steht. Ibn Ezra bietet eine Basis für die Unterscheidung, indem er sagt, dass das 12. Haus über alle jene Tiere herrscht, die dem Menschen als Reittier dienen[70]. Er schlägt vor, dass diese Assoziation auf dem Unterschied zwischen Unterwürfigkeit und Herrschaft basiert und betont dabei die Deutung, dass diese Achse für die Einschränkung der Freiheit und des freien Willens steht. Aber große Tiere riefen in weniger stark überwachten Gemeinschaften als den unseren auch Ängste hervor, provozierten eine Verwundbarkeit, die wir

[70] Ibn Ezra. *Beginning of Wisdom* III, S. 193.

uns nur dann vorstellen können, wenn wir die Tiere, die wir im Zoo besuchen, in freier Wildbahn erleben würden.

Die meisten Fragehoroskope zu „vermissten Tieren", die von traditionellen Astrologen im Hinblick auf das Vieh gestellt wurden, wurden aus wirtschaftlichem Interesse gestellt, und es bestand keine emotionale Bindung zwischen dem Tier und seinem Besitzer. William Lilly hat offensichtlich einige solcher Stundenhoroskope gestellt. Er rechtfertigt sich dafür, dass er keine Beispiel für entlaufenes Vieh hat, da er in der Umgebung von London arbeitete, wo diese Angelegenheiten selten waren und er fügt hinzu: „nur einmal[71]

Sein Zeitgenosse William Ramesey lässt die Geringschätzung eindeutig erkennen, aus der diese Assoziation hervorging:

Das 6. Haus ist das vom nördlichen Eckpunkt fallende Haus[72] und es ist in der Anordnung der Häuser das sechste vom Aszendenten aus. Es erblickt den Aszendenten nicht. Deswegen ist es ein Signifikator für Krankheiten welcher Art auch immer. Es ist auch ein Signifikator für Diener und Bedienstete, Leibeigene und Sklaven. Ebenso und aus dem gleichen Grund steht es für kleinere Tiere, denn es hat keine liebende Vertrautheit oder gar eine freundliche Korrespondenz mit dem Aszendenten usw.[73]

Dir Zurückführung von Haustieren auf das 6. Haus bedeutet für die moderne Astrologie keine Herausforderung. Dies scheint eine universelle Übereinstimmung gefunden zu haben. Ich habe diese Zuordnung in vielen Stundenhoroskop mit Fragen nach Haustieren benützt und eine zuverlässige Signifikanz gefunden. Jedoch ist dies ein Themenbereich, bei dem die Verbindung zwischen den philosophischen Ursprüngen der Zuordnung und den modernen Erwartungen dazu verloren gegangen ist. Kein Element der Symbolik des 6. Hauses, sei es traditionell oder modern, bringt unsere

---

[71] William Lilly. *Christliche Astrologie Bd.1.* S. 431.

[72] Genaugenommen kadent vom westlichen Eckhaus, vom dem es „fällt".

[71] *Astrologie Restaurata* XLI 107.

Besorgnis um unsere geliebten Haustiere exakt zum Ausdruck, es sei denn wir lassen den Begriff der Häuslichkeit gelten, um damit servilen Gehorsam anzudeuten.

Deutungen des 6. Hauses

Manilius: Der Tempel der Unglückssterne, Elend, Verderben, mühselige Arbeit. Feindselig für zukünftige Aktivitäten, verdammt zu fallen.

Andere Klassiker: Sklaven, harte Arbeit, Gebrechlichkeit, Feindseligkeit, „Unglück".

Firmicus: Gesundheit, körperliche Schwächen und Krankheit, das „schlechte Schicksal" da es das Haus des Mars ist. Geschwächt und passiv, da es keinen Aspekt mit dem Aszendenten bildet.

Al-Biruni: Krankheit, körperliche Schäden, Überarbeitung, falls ungünstig, dann bedeutet es den Verlust von Eigentum, Krankheit der inneren Organe, Sklaven, Vieh.

Lilly: Krankheiten, Diener, Arbeiter, Bauern, Landwirtschaft und Viehzucht, Kleine Tiere.

Modern: Arbeit, Untergebene, Hausarbeit, Gesundheit.

Die Häuserherrschaft in der Praxis

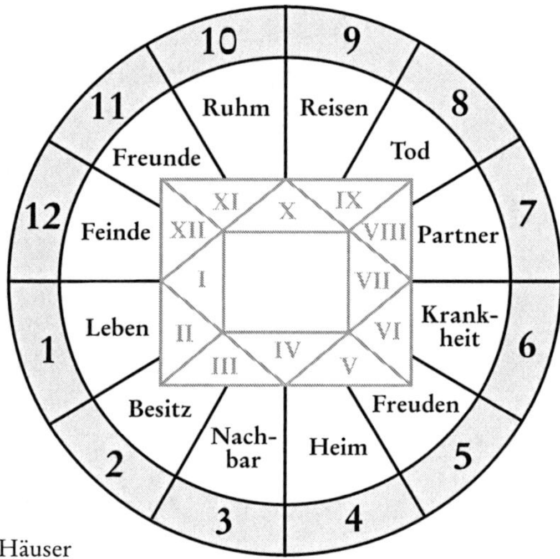

Abb. 19: Die Häuser

Das 1. Haus

Prinzipielle Herrschaft: Leben, Vitalität, und Gesundheit. Statur, Farbe, Teint, Form und Gestalt des Körpers. Ältere Quellen geben auch seinen Einfluss auf den Intellekt, die Art, wie der Verstand arbeitet, und die Sprache an. Generell repräsentiert das 1. Haus den Brennpunkt für die Persönlichkeit und die Ausdrucksweise. Ebenso wie dieses Haus die körperliche Erscheinung beschreibt, so kann der Zustand dieses Hauses und seines Herrschers auf das persönliche Charisma, den Willen und die emotionale Stärke hinweisen.

In der Stundenastrologie: Der Fragesteller oder die Gemeinschaft, der ein Fragesteller angehört. Bei der Frage: „Werden wir gewinnen?“ steht das 1. Haus für das Team. Wird eine Frage gestellt, die sich auf ein mundanes Geschehen bezieht, wo der Fragesteller aber nicht persönlich verwickelt ist, sondern nur eine starke Sympathie oder Neigung dafür aufbringt, dann bedeutet das 1. Haus die Partei, welche der Fragende begünstigt und unterstützt. Bei Fragen, die mit einem Krieg zu tun haben, bezeichnet das 1. Haus das Land des Fragestellers, weil er sich mit den Angelegenheiten seines Landes befasst, wenn er die Frage zum Ausdruck bringt.

Fragen, die die Sicherheit oder das Wohlbefinden von etwas oder von jemand betreffen, der keine Beziehung zum Fragesteller hat, werden direkt dem Aszendent zugeschrieben. Dadurch wird der Fragesteller effektiv aus dem Fragehoroskop heraus genommen und wird an einer Stelle verwendet, wo er nichts mit der Situation zu tun hat. Zu Beispiel wenn die Frage lautet: „ Wird die vermisste Person, von der ich gelesen habe, lebend gefunden werden?“ „Ist das Schiff in Sicherheit oder ist es gesunken?“ Diese Regel ist angebracht, wenn eine Frage ohne Sympathiefaktor gestellt wird. Betrifft die Frage einen Staatsfeind oder jemanden, zu dem sich der Fragesteller im Widerspruch sieht (z.B. „wird der entlaufene Mörder gefasst werden?“ „Werden die Invasoren erfolgreich sein?“), dann passt diese Regel nicht – spezielle oder allgemeine Feinde werden von 7. Haus angezeigt.

In der Mundanastrologie: Das gemeine Volk oder der Allgemeinzustand des Staates. Das Land als Ganzes und seine Bewohner. Die allgemeinen Bedingungen für Wohlstand und Gesundheit oder das Gegenteil.

Bei Prozessen oder Konflikten: Derjenige, der die Sache ins Rollen bringt. Die Eröffnung der Verhandlung, die Staatsanwaltschaft.

Bei Ereignissen: Allgemein bezeichnet es denjenigen, der den ersten Schritt macht. Bei Geschäften denjenigen, der ein Angebot unterbreitet. Im Krieg denjenigen, von dem die Offensive ausgeht Bei Spielen das Heimatteam.

Bei medizinischen Angelegenheiten: Der Kopf und das Gesicht: Augen, Ohren, Mund, Haare, Nase, Zunge, Zähne. Culpeper sagt: „Alles was sich über dem ersten Halswirbel befindet[74].

Saturn, Mars oder der nördliche Mondknoten kennzeichnen in diesem Haus einen Schönheitsfehler im Gesicht oder an jenem Körperteil, der von dem Zeichen an der Spitze repräsentiert wird. Lilly schreibt:

Bei einem Widder-Aszendenten ist das Zeichen, Muttermal oder Narbe auf dem Kopf oder im Gesicht. Wenn das Zeichen wenige Grade aufsteigt, dann ist das Mal am oberen Teil des Kopfes. Ist die Mitte des Zeichens an der Häuserspitze, dann ist das Muttermal oder die Narbe in der Mitte des Gesichts. Bei einem späteren Grad ist das Gesicht nahe dem Kinn, eher sogar zum Nacken hin, verunstaltet.[75]

In Dekumbitur-Horoskopen repräsentiert das 1. Haus den Patienten, wohingegen der Zustand seines Herrschers den Grad seiner Vitalität anzeigt – in Opposition zum 6. Haus, das ja für Krankheit steht. Ist der Herrscher des 1. Hauses stärker gestellt als der Herrscher des 6. Hauses, dann wird der Patient die Krankheit überwinden.

Bei Geschäften: Der Käufer.

Farben: weiße und blasse Farben.

Hinsichtlich der Farben geht es um die Farbe weiß; d.h. wenn ein Planet in diesem Haus steht, welches mit der Farbe weiß korrespondiert, dann ist die Gesichtsfarbe der Person eher blass, weiß oder fahl. Bei der Frage nach der Kleidung dieses Menschen zeigt sich, dass seine Kleidungsstücke weiß oder grau sind oder irgend-

---

[74] *Semeiotica Uranica*, I. IV.1.

[75] William Lilly. *Christliche Astrologie Bd.1.* S. 71.

[76] William Lilly. *Christliche Astrologie Bd.1.* S. 71.

wie nahe diesen Farben, wenn der Signifikator des Fragenden im 1. Haus oder in einem korrespondierenden Zeichen steht.[76]

Qualitäten: Kardinal, männlich, Taghaus.

Richtung: Osten.

Assoziierte Planeten und Zeichen: Merkur hat seine Freude im 1. Haus. Dazu Lilly: *„Merkur bestätigt auch die Freude in diesem Haus, weil er den Kopf, die Zunge, die Vorstellungskraft und das Gedächtnis repräsentiert.“*[77]

Widder und Saturn sind Mit-Signifikatoren. Lilly schreibt: „Die Mitherrscher dieses Hauses sind Widder und Saturn. Denn wie dieses Haus das erste der Häuser ist, so ist Widder das erste Zeichen und Saturn der erste der Planeten. Wenn also Saturn mäßig gut gestärkt in diesem Haus steht und einen wohlwollenden Aspekt zu Jupiter, Mars, Sonne oder Mond hat, verspricht das eine gute unauffällige Körperkonstitution und gewöhnlich ein langes Leben.“[78]

Namen: Die „Ostecke“, Aszendent („das Aufsteigende“), Horoskop („der Stundenschauer“), Anatole („Osten / Sonnenaufgang); Haus des Lebens.

Das 2. Haus

Prinzipielle Herrschaft: Geldmittel, materieller Wohlstand, Einnahmen und alles, was mit Wohlstand zu tun hat oder finanzieller Natur ist. Die Art und Weise, wie man Wohlstand erlangt (zu beachten sind das Zeichen, in dem die Spitze steht, dessen Herrscher

[77] William Lilly. *Christliche Astrologie Bd.1.* S. 71.
[78] William Lilly. *Christliche Astrologie Bd.1.* S. 71.

und sein Zustand). Persönliches Güter und Habseligkeiten, Vermögenwerte, Einkommen, Gewinn, verliehenes Geld, Profit (oder Verlust, falls schlecht gestellt), Helfer, sowie Unterstützung von anderen. Nachfolgende Häuser zeigen generell die Ressourcen und die Unterstützung, die der vorausgehenden Ecke zuteilwird. Das 5. Haus zeigt die Vermögenslage und die Mitarbeiter des Vaters, das 8. Haus zeigt den Wohlstand des Partners und die Hilfsmittel und Unterstützer der Feinde, das 11. Haus zeigt die Freunde und Unterstützer desjenigen, der an der Macht ist, und den Gewinn, der sich aus einem Geschäft ziehen lässt.

In der Stundenastrologie: Die Finanzen und Vermögenswerte des Fragestellers. Jeder persönliche oder „bewegliche" Besitz (Immobilien oder Grundbesitz fällt unter die Herrschaft des 4. Hauses, obwohl das 2. Haus noch relevant ist, wenn es darum geht, die finanziellen Verflechtungen bei Grundstücksgeschäften zu beleuchten). Fragt jemand nach den finanziellen Aussichten bei einem Verkauf des Autos, dann hat dies mit dem 2. Haus zu tun, da es sich um einen persönlichen Besitz handelt. Andere allgemeine Fragen zum Auto fallen generell unter die Herrschaft des 3. Hauses, da das Auto zu kurzen Reisen dient. Bei Fragen nach verlorenem Besitz verwendet man das 2. Haus und seinen Herrscher, um den vermissten Gegenstande zu kennzeichnen.

Wenn bei einer Frage Geld wichtig ist, dann sollte man sich immer den Zustand des 2. Hauses und seines Herrschers anschauen. Wird eine finanzielle Vereinbarung angestrebt, dann zeigt ein stark gestellter Herrscher des 2. Hauses, der auf günstige Aspekte zuläuft, finanzielle Vorteile für den Fragesteller. Dagegen zeigt ein schwacher Herrscher des 2. Hauses und ein starker Herrscher des 8. Hauses einen Verlust für den Fragesteller und Gewinne für die andere Partei. Ähnlich trifft das zu bei Fragen, die sich auf Glücksspiel, Aktien und Kapitalanlagen beziehen. Zu Darlehen siehe das 8. Haus.

In der Mundanastrologie:
Das Staatsvermögen und die finanzielle Lage. Die Staatskasse, das Fi-

nanzministerium, Staatseinnahmen, sowie alle Orte und Aktivitäten, die mit Geldverdienen zu tun haben, etwa Banken, die Börse, Finanzinstitute, Geldmärkte und Geschäftswelt. Exporte und Staatskredite an andere Länder. Ibn Ezra ordnete diesem Haus auch Lebensmittel zu, und wir können annehmen, dass es in Mundanhoroskopen den Ertrag und den Wert der Getreideernte, der Produkte sowie der Bodenschätze und der Grundversorgung eines Landes anzeigt.

In Kriegshoroskopen zeigt dieses Haus die Verbündeten und die Anhänger desjenigen, der den Konflikt begonnen hat, sowie dessen Munition und Nachschub.

Bei Prozessen oder Konflikten: Freunde und Helfer, Zeugen und diejenigen, die bei der Verfolgung helfen.

Bei Ereignissen: Wie oben beschrieben: derjenige, der eine Aktion beginnt.

Bei medizinischen Angelegenheiten: Der Hals und der Nacken, von der Schulter an abwärts.

Bei Geschäften: Die finanzielle Situation des Geschäftspartners.

Farbe: Grün.

Qualitäten: nachfolgend, weiblich, Nachthaus.

Richtung: Ost-Nord-Ost.

Assoziierte Planeten und Zeichen: In diesem Haus hat kein Planet seine Freude. Jupiter und Stier sind Mitherrscher. Dazu Lilly:

> *Wenn Jupiter in diesem Haus platziert ist oder der Herr davon ist, so ist das ein Hinweis auf Vermögen und Glück. Sonne und Mars sind in diesem Haus niemals gut gestellt.*[79]

[79] William Lilly. *Christliche Astrologie Bd.1.* S. 72.

Herrscht die Sonne im 2. Haus, so ist dies nicht so ungünstig.

Namen: Anaphora („aufsteigend“). Haus des Vermögens und der Substanz.

Das 3. Haus

Prinzipielle Herrschaft: Brüder und Schwestern; Cousins, Cousinen und Mitglieder der Familie (außer den Eltern, die in das 4. Haus gehören). Nachbarn und die nähere Umgebung. Das Umfeld, in dem wir leben und arbeiten. Kurze Reisen oder regelmäßig stattfindende Reisen. Lilly schreibt, dass dies Reisen sind, „bei denen man an einem Tag hin und zurückfahren kann oder wenigstens am nächsten Tag.“ Er weist ferner darauf hin, dass eine Neigung zu häufigem „Übersiedeln von einem Ort zum anderen“ vorliegt.

Briefe, Gerüchte, Nachrichten, Botschaften und Boten. Kommunikation ganz allgemein. Zeitungen, Zeitschriften, Telefone, Postwesen. Schriftliche Vereinbarungen und Verträge. Reden und Debatten. Die Fähigkeit, sich auszudrücken und mit anderen zu kommunizieren. Sprachen, Erfahrenheit in Mobilität und der Ausdruck der eigenen Persönlichkeit.

In der Stundenastrologie: Wird im oben ausgeführten Sinn auf den Fragesteller angewandt. Bei Fragen zum finanziellen oder geschäftlichen Themen warnt ein beschädigtes 3. Haus vor Schwierigkeiten bei Verträgen und schriftlichen Vereinbarungen. In Partnerschaftshoroskopen deutet es auf Kommunikationsprobleme oder geistige Unverträglichkeiten hin. Mars im 3. Haus zeigt Wortwechsel und Widersprüche. Saturn bedeutet eine Unfähigkeit

---

[80] William Lilly. *Christliche Astrologie Bd.1.* S. 224.
[81] William Lilly. *Christliche Astrologie Bd.1.* S. 72.
[82] Ivy Goldstein-Jacobsen. *Simplified Horary Astrology.* Selbstverlag 1960, S. 129.

zu kommunizieren. Ivy Goldstein-Jacobsen stellt fest, dass es das Haus des Klatschbasen und der Besucher ist, und dass ein ungünstiger Planet im 3. Haus unliebsame Gäste oder unerwünschte Lieferungen anzeigt.

In der Mundanastrologie: Landesweit verbreitete Gerüchte, Propaganda. Die Presse und Presseerzeugnisse. Alle Mittel zu Verbreitung von Nachrichten und Informationen wie etwa die Post, Kommunikationsnetzwerke, Computer, Telefone, Faxgeräte, Zeitungen, E-Mails, Druckwerke, Literatur, Zeitschriften und Fernsehen.

Das Transportwesen und alle Arten von Inlandsverkehr wie zum Beispiel das Schienen- und Straßennetz, Binnenschifffahrt, Autos, U-Bahn-Netz usw.

Das Bildungssystem, obwohl dies im Zusammenhang mit Kindern auch im 5. Haus vertreten ist. Die öffentliche Meinung und alles, was mit der Redefreiheit zu tun hat. Internationale und alltägliche Sprache. Es herrscht auch über die Nachbarnationen und über Dokumente, die mit internationalen Vereinbarungen zu tun haben.

Bei Prozessen oder Konflikten: Bei Prozessen bezieht sich dieses Haus auf Vorladungen, Vertragsurkunden und Dokumente, die eine Anklage betreffen. Ferner betrifft es alle Schriftstücke und die Möglichkeit, dass die Situation durch Briefe oder Korrespondenz beeinflusst werden kann. In Kriegshoroskopen zeigt das 3. Haus die Propaganda dessen, der den Krieg begonnen hat.

Bei Ereignissen: wie oben. Bezieht sich auf denjenigen, der eine Aktion beginnt. Barbara Watters bemerkt: *„Ist das 3.Haus stark beschädigt, dann deutet dies darauf hin, dass derjenige, der ein Angebot unterbreitet, ein Lügner ist.“*[83]

Bei medizinischen Angelegenheiten: Schultern, Arme, Hände und Finger.

---

[83] Barbara Watters: *Horary Astrology and the Judgement of Events.* Washington 1973, S. 64.

Bei Geschäften: Geschäftsberichte, Vereinbarungen und Urkunden, Kaufverträge.

Farbe: Orange.

Qualitäten: fallend, männlich, Nachthaus.

Richtung Nord-Nord-Ost.

Assoziierte Planeten und Zeichen: Die Freuden des Mondes. Lilly schreibt: *„Ist er [der Mond] darin positioniert – besonders in beweglichen Zeichen – ist dies ein Hinweis auf viele Reisen, Reiten, Wandern und nur seltenes Ruhigsein.“*[84]
Mitherrschend sind die Zwillinge und Mars:

> *Dies ist einer der Gründe, warum sich Mars in diesem Haus nicht sehr ungünstig auswirkt – es sei denn, er ist mit Saturn verbunden.*[85]

Namen: Dea (Göttin – ein Bezug zu der antiken Assoziation mit dem Mond). Das Haus der Brüder.

Das 4. Haus

Prinzipielle Herrschaft: Alles, was mit der Grundlage und den Wurzeln unserer Existenz zu tun hat. Eltern im Allgemeinen, Väter im Besonderen. Großeltern und Ahnen. Vaterschaft (das Erbe der Eltern, aber auch der psychologische Einfluss der Eltern, Einnahmen aus Erbschaften), Abstammung.

Dieses Haus herrscht auch über verborgene Reichtümer und Bodenschätze wie Zechen, Mineralien, Edelsteine, Öl, Quellen und

[84] William Lilly. *Christliche Astrologie Bd.1*. S. 72
[85] William Lilly. *Christliche Astrologie Bd.1*. S. 72.

Wasservorräte. Lilly schreibt dazu: „Alle Arten von Minen oder Gewinne aus dem Inneren der Erde.“[86]

Dieses Haus beherrscht das Land, die Qualität und die Natur des Bodens (ob er fruchtbar, sumpfig, waldreich, steinig oder öde ist). Ebenso alle Gebäude und Bauwerke auf dem Grundstück – das Eigentum der Wohnstätte genauso wie die emotionale Umgebung.

Ackerbau und Viehzucht, sowie alle Berufe und Beschäftigungen, bei denen man sich um das Land kümmert, gehören zu diesem Haus. Baigent, Harvey und Campion schlagen auch Nationalismus und Ideologien vor, die im Zusammenhang stehen mit der Vaterlandsliebe.[87] Dies würde auch den Patriotismus einschließen sowie einen starken Bezug zu den „Wurzeln“, der Tradition und der Geschichte.

Man sagt auch, dass dieses Haus den Anfang und das Ende aller Dinge zu erkennen gibt. Insofern repräsentiert es frühkindliche Erlebnisse, aus denen spätere unbewusste emotionale Lebenserfahrungen erwachsen, die Verletzlichkeit im hohen Alter, den Vorgang des Todes sowie Begräbnisse. Tod durch Ertrinken ist hier besonders relevant.

In der Stundenastrologie: Der Vater des Fragestellers. Besitz, der zum Verkauf ansteht, Mietvereinbarungen (die Mieter finden sich im 6. Haus), Grenzen, Beschreibungen von Gebäuden oder Gärten. Bei Fragen nach vermissten Personen oder verlorenen Gegenständen, beschreibt das 4. Haus die Art des Untergrundes, auf dem sie sich befinden. Bei Mordfällen kann das 4. Haus hilfreich sein, um den Ort der Leiche zu lokalisieren. Normalerweise kennzeichnet es dunkle Plätze, die unten sind oder einen Tiefpunkt erreichen wie z.B. Höhlen Löcher oder unterirdische Räume.

Das 4. Haus wird oft herangezogen, um „das Ende der Angelegenheit“ anzudeuten. Lilly bringt Belege dafür, dass das 4. Haus

---

[86] William Lilly. *Christliche Astrologie Bd.2.* S. 92.

[87] Michael Baigent, Nick Campion und Charles Harvey. *Mundan-Astrologie – Handbuch der Astrologie des Weltgeschehens.* Wettswil 1989, S. 192.

benützt wird, um das Ende bei Streitereien oder Gerichtsverfahren anzuzeigen[88], was moderne Autoren großzügiger anwenden. Goldstein-Jacobsen zieht beispielsweise in Erwägung, dass das gedrehte 4. Haus den Abschluss des mit diesem Haus assoziierten Geschäftes anzeigt (z.B. zeigt das 3. Haus die Lösung einer Angelegenheit des 12. Hauses).

In der Mundanastrologie: Grundbesitz und dessen Eigentümer, Landarbeiter, Feldfrüchte und Erzeugnisse. Landwirtschaft und Bergbau. Gebäude und der Grundstücks- und Immobilienmarkt. Watters schreibt dazu:

> *„Fällt Saturn in das 4. Haus, dann kann das Wohnungsknappheit heißen. Pluto kann hier Vandalismus oder eine Welle von Verbrechen bedeuten, die Auswirkungen auf das Eigentum haben. Ernsthafte Beeinträchtigungen des 4. Hauses durch die Kombination von Uranus, Neptun und Jupiter deuten auf den Verlust des Besitzes durch Sturm, Hochwasser und Erdbeben hin.“*[89]

Die Versorgung des Staats, die unter der Erde bereitgestellt wird, wie etwa Wasserrohre oder Gasleitungen. Raphael schreibt dazu:

> *„Uranus im 4. Haus ist ein besonders ungünstiger Einfluss, der auf schwere Explosionen an öffentlichen Einrichtungen hindeutet. Er ist schlecht für die Regierung und wird ihr Probleme bringen – Grund und Boden, Schürfrechte für den Bergbau oder die Besteuerung des Grundbesitzes können eine maßgebliche Quelle für diese Schwierigkeiten sein.“*[90]

Die Stadt oder Metropole und deren Bürgermeister. Als Oppositionshaus zum 10. Haus steht es für die Opposition von Regierung, König oder anerkannter Ordnung. In Kriegshoroskopen jede Stadt oder Metropole, die angegriffen wird.

---

[88] William Lilly. *Christliche Astrologie Bd.1*. S. 409.
[89] Barbara Watters. *Horary Astrology and the Judgement of Events*. S. 64.
[90] Raphael. *Mundane Astrology*. London 1931, S. 30.

Bei Prozessen oder Konflikten: Verwende die mundanen Zuordnungen, verbunden mit demjenigen, der die Initiative ergreift.

Bei Ereignissen: Verwende ebenfalls die mundanen Zuordnungen, verbunden mit demjenigen, der die Initiative ergreift.

Bei medizinischen Angelegenheiten: Die Brust oder der Lungenbereich. Da dieses Haus einen Bezug zum Tod hat, gilt es als ungünstiger Ort bei Dekumbitur-Horoskopen.

Bei Geschäften: Verwende die mundanen Zuordnungen, verbunden mit dem Käufer.

Farbe: Rot.

Qualitäten: Eckhaus, weiblich, Nachthaus. Ein „dunkles“ Haus, das geheime (unterdrückte) oder private Angelegenheiten repräsentiert. Eckhäuser sind energiegeladen und zeigen in der Regel gute Aussichten auf ein Wiederfinden von vermissten Personen oder Gegenständen an. Das Eckhaus gilt als ein Hinweis darauf, dass man sie nahe der Wohnung oder an ihrem üblichen Platz finden wird. Da dem 4. Haus aber auch eine obskure Rolle zugeschrieben wird, ist die Regel hier nicht ganz so zuverlässig wie sonst: Es kann andeuten, dass das Gesuchte schon jenseits der Möglichkeit seiner Wiederauffindung ist oder an das Ende seines natürlichen Zyklus gelangt ist.

Richtung: Norden.

Assoziierte Planeten und Zeichen: Manilius betrachtete das 4. Haus als den Tempel des Saturn. Beide werden in Beziehung gesehen mit Abstammung, Ländereien, Ackerbau, Bergbau und Tod. Auch wenn diese Verbindung rein formal so nicht mehr klar erkannt wird, so scheint doch eine verstärkte Gewichtung auf diesen Themen zu liegen, wenn Saturn mit dem 4. Haus verbunden ist, sei es, dass er dort steht oder dessen Herrscher ist. Mit-Signifikatoren sind Krebs und die Sonne. Lilly schreibt:

> *Bei Geburten und Fragen repräsentiert das 4. Haus den Vater, so tut es die Sonne am Tag und Saturn bei Nacht. Ist die Sonne im 4. Haus platziert, so steht sie hier nicht schlecht, sie zeigt einen Vater von nobler Sinnesart.*[91]

Namen: Die Nordecke, Eckhaus der Erde, Imum Coeli („untere Himmelsmitte"), Ypogeon („unter der Erde"). Das Haus der Eltern.

Das 5. Haus

Prinzipielle Herrschaft: Kinder, Schwangerschaft, das Geschlecht des ungeborenen Kindes. Die Gesundheit und die Verfassung der Kinder. Ist das 5. Haus beschädigt, dann bedeutet dies Probleme und Leid für die Kinder.

Romanzen, Liebesaffären, Zärtlichkeiten, Zeugung und Empfängnis. Ist das Haus beschädigt: Geschlechtsverkehr mit häufig wechselnden Partnern, sexuelle Hemmung, unsittlicher Lebenswandel, übermäßiger Genuss, Skandale.

Vergnügen, Geschenke und alle angenehmen Dinge. Alles, was man sich zum Genuss und zum Vergnügen kauft. Die Kunst und die Musen. Tanz, Musik, Ausgelassenheit. Kleider, Pracht, kostbare und luxuriöse Dinge. Urlaub, Hobby und alle Aktivitäten, aus denen wir ein Empfinden von Kreativität und Genuss gewinnen.

Bankette, Gasthäuser, Kneipen, Wirtshäuser, Theater und Schauspiel, öffentliche Parks – alle Orte der Unterhaltung. Partys und soziale Anlässe, Feste.

Alles, was mit der Freizeitindustrie zu tun hat. Menschen, die künstlerisch tätig sind. Sport und Sportstätten, wie Sportarenen,

---

[91] William Lilly. *Christliche Astrologie Bd.1*, S. 73.

Stadien, Turnhallen. Auch Pferderennen oder Sportwetten. Lotterien und alle Arten von Glücksspiel und Spekulation, die zum Vergnügen ausgeführt wird oder mit der Absicht, auf sein Glück zu vertrauen. Spekulationen an der Börse sind auch oft hier angesiedelt, aber falls die Investition auf finanziellen oder geschäftlichen Entscheidungen beruht, hat das 2. Haus ein größeres Gewicht. Ivy Goldstein-Jacobsen machte die Ansicht populär, dass das 5. Haus über Spekulationen an der Börse herrsche.

Diplomaten, Botschafter und Agenten – Personen, die als Vermittler verhandeln in der Absicht, eine Einigung zwischen anderen herzustellen.

In der Stundenastrologie: Die Kinder des Fragestellers. Die Möglichkeit einer Schwangerschaft und das Geschlecht des ungeborenen Kindes. Olivia Barclay weist darauf hin, dass Saturn und Neptun sich in diesem Haus nicht gut mit einer Schwangerschaft vertragen, während Jupiter ein starker und unbestreitbarer Hinweis auf Fruchtbarkeit ist, denn „alle starke Vermehrung kommt von Jupiter."[92]

Das Vermögen des Vaters und seine persönlichen Besitztümer (das 2. Haus vom 4. Haus ab). Simmonite ergänzt, dass es als das 8. Haus vom MC aus gerechnet den Tod des Monarchen anzeigt.[93] Es herrscht immer wieder Unklarheit darüber, ob der oder die „Geliebte" bei Frage zu einer außerehelichen Affäre dem 5. Haus zugewiesen werden sollte, da es generell der Signifikator für Liebesaffären und Romantik ist, oder doch eher dem 7. Haus, dem Haus des Partners. Dazu schreibt Olivia Barclay: „Wer vermag zu entscheiden, ob eine Affäre Vergnügen oder Liebe ist? (Wäre es Liebe, dann gehörte es in das 7. Haus und nicht in das 5. Haus.)[94]

Das 5. Haus ist bei diesen Angelegenheiten oft maßgeblich, weil es eine Einstellung beschreibt: eine romantische oder eine „das Vergnügen suchende" Verfassung. Dagegen sollte das 7. Haus als Signifikator jener Person verwendet werden, über die man die Frage

[92] Olivia Barclay. *Horary Astrology Rediscovered*. Pennsylvania 1990, S. 71.
[93] Simmonite W. J. *Horary Astrology: The Key to Scientific Prediction*. London 1896, S. 59.
[94] Olivia Barclay. *Horary Astrology Rediscovered*. S. 71.

stellt. Denn der Bezug des 7. Hauses zu demjenigen, der in die intime Beziehung verwickelt ist, ist ganz eindeutig. William Lilly benutzte das 7. Haus, um zu entscheiden, ob Liebhaber für die Frage nebensächlich sind oder tatsächlich im Mittelpunkt des Interesses stehen. Dabei wurde die Beteiligung von Dritten aus den Kontakten zu anderen Planeten erschlossen.[95]

In der Mundanastrologie: Die Ausrüstung, die Munition und die Vorräte einer belagerten Stadt. Botschafter und Diplomaten.

Alle öffentlichen Plätze zum Vergnügen oder zur Erholung: Parks, öffentliche Gebäude, nationale Kunstgalerien. Die Freizeitindustrie. Schulen und nationale Einflüsse auf Kinder wie das Bildungswesen. Die nationale Geburtenrate, gesellschaftliche Fragen im Hinblick auf Kinder und die Standpunkte der Gesellschaft zu sexuellen Werten und Promiskuität. Raphael vermerkt: „Saturn im 5. Haus senkt die Geburtenrate, zeigt große Schwierigkeiten für Frauen und Kinder an, eine Flaute in Theaterkreisen, sowie Tote und Erkrankungen bei den herausragenden Persönlichkeiten in diesem Berufsfeld. Ist er stark verletzt, dann erhöht er das Böse und verursacht Verbrechen an Kindern sowie Laster und Leid.“[96]

Bei Prozessen oder Konflikten: Dasselbe wie oben in Bezug auf denjenigen, der den Fall auslöst. Die Aktivität und der Erfolg eines Boten, Agenten, Botschafter oder Repräsentanten des Initiators, wenn dieser versucht, eine Vereinbarung oder eine Verhandlung mit der Gegenseite herbeizuführen.

Bei Ereignissen: Dasselbe wie oben, aber in Bezug auf denjenigen, der den Fall auslöst.

Bei medizinischen Angelegenheiten: Magen, Leber, Herz und Rücken. Schulterblätter, die Seiten des Körpers. Medizinische Proble-

---

[95] Mars beschreibt den männlichen Liebhaber, Venus die Liebhaberin.

[96] Raphael. *Mundane Astrology*. S. 32.

me im Zusammenhang mit Schwangerschaft und der Geburt eines Kindes.

Bei Geschäften: Dasselbe wie oben, aber in Bezug auf den Käufer oder Investor. Zum Beispiel auch Agenten oder Repräsentanten, die mit der Gegenseite eine vorteilhafte Geschäftsvereinbarung anstreben.

Farben: Lilly sagt „schwarz, weiß oder honigfarben“[97] Es kann sein, dass er mit „schwarz und weiß“ eine Farbe meint, die weder zu hell noch zu dunkel ist.

Qualitäten: Nachfolgend, männlich, Taghaus. Steht in einem günstigen Trigon zum Aszendenten.

Richtung: Nord-Nord-West.

Assoziierte Planeten und Zeichen: Die Freude der Venus. Dazu Lilly: „*Venus hat ihre Freude in dem Haus des Vergnügens, Entzückens und der Fröhlichkeit. Es wird unglücklich durch Mars und Saturn darin; sie zeigen in diesem Haus auch ungehorsame und missratene Kinder.*“[98]

Namen: Bona Fortuna (“Gutes Glück”), das Haus des Vergnügens.

Das 6. Haus

Prinzipielle Herrschaft: Krankheit und Leiden, deren Bedingungen und Ursachen. Ob die Krankheit von kurzer oder langer Dauer sein wird, ob sie heilbar sein wird oder nicht. Alles, was mit dem

[97] William Lilly. *Christliche Astrologie Bd. 1*. S. 73.
[98] William Lilly. *Christliche Astrologie Bd. 1*. S. 73.

Gesundheitswesen zu tun hat, und diejenigen, die darin arbeiten: Ärzte, Zahnärzte und Krankenpflegepersonal.

Angestellte, Pächter und Diener. Lilly weist speziell auf Tagelöhner, Bauer und Schäfer hin. Goldstein-Jacobsen erwähnt auch Menschen, die auf dem Grundstück des Horoskopeigners leben wie etwa Hausmeister, Aupair-Mädchen, Untermieter usw. Auch allgemein häusliche Fragen. Das 6. Haus kann Probleme in Zusammenhang mit häuslichem Gerät anzeigen, welches eigentlich dazu angeschafft wurde, die tägliche Routinearbeit und anstrengende Aufgaben zu erleichtern.

Haustiere, kleine Tiere und Kleinvieh (Schweine, Schafe, Ziegen, Hasen), sowie aller Profit oder Verlust, der in Zusammenhang mit diesen Tieren steht. Das 6. Haus hat auch generell einen Bezug zu Landwirtschaft und Feldfrüchten. Onkel, Tanten und Verwandte väterlicherseits (3. Haus vom 4. Haus). Da es 8. Haus vom 11. Haus aus ist, erwähnt Simmonite „den Tod von Freunden."[99]

Sorgen und Gefühle, geringgeschätzt zu werden. Allgemein gilt dies als ein Haus der Schwäche und der Verletzung. Als fallendes Haus repräsentiert es fremdartige oder wenig hilfreiche Bedingungen.

In der Stundenastrologie: Wie oben beschrieben, jedoch in Bezug auf den Fragesteller. Goldstein-Jacobsen merkt an, dass Saturn im 6. Haus viel Arbeit und wenig Anerkennung oder Lohn bringt. Ein älterer Verwandter, Angestellter, eine Krankenschwester, ein Haustier oder ein Pächter, der ein Problem darstellt.[100]

In der Mundanastrologie: Die Nahrungsreserven der Nation, vor allem Getreide, sowie die Agrarindustrie. Die moderne Astrologie bezieht das 6. Haus auf diejenigen, die öffentliche Register führen: Bibliothekare, Finanzbeamte, Archivare oder Datentypisten.

Die arbeitende Klasse. Öffentliche Angestellte und Dienste wie Beamte, die Armee, die Polizei, wenn sie dem Volk dient. Charles

---

[99] Simmonite. *Horary Astrology: The Key to Scientific Prediction*. S. 59.
[100] Ivy Goldstein-Jacobsen. *Simplified Horary Astrology*. S. 181.

Carter bemerkt, dass es in Großbritannien für die Labour Party steht. Fabriken, Gewerkschaften, Geheimdienste, Arbeitslosenversicherung, Erwerbsunfähigkeit. Watters äußert dazu:

„Es herrscht aber nicht über die Sozialhilfe, denn Menschen, die von Sozialhilfe leben, arbeiten nicht, sondern hängen von der Wohltätigkeit des Staates ab. Deswegen passt das 6. Haus nicht zu ihnen, da es vornehmlich mit Arbeit zu tun hat.“[101]

Die Volksgesundheit zeigt sich im 1. Haus. Ist aber das 6. Haus hervorgehoben, dann verweist es auf die Anfälligkeit der Bevölkerung für Epidemien oder weitverbreitete Krankheiten.

Bei Prozessen Konflikten oder Ereignissen: Wie oben dargestellt in Bezug auf denjenigen, der den Fall ins Rollen bringt. Für seine Gegner bedeutet dieses Haus Agenten, die im Geheimen geschickt werden: Spitzel, Privatdetektive usw.

Bei medizinischen Angelegenheiten: Dieses Haus ist einer der wichtigsten Hinweise auf Krankheit. Sein Zustand, der herrschende Planet sowie alle in ihm stehenden Planeten beschreiben die Art der Krankheit und beleuchten, ob diese körperlicher oder seelischer Natur sind. Ist der Planetenherrscher rückläufig, dann wird die Krankheit wahrscheinlich wieder auftreten. Ist der Herrscher des Aszendenten stark und gut gestellt, während der Herrscher des 6. Hauses schwach gestellt ist, dann besteht für den Patienten die Chance, die Krankheit zu überwinden. Es herrscht besonders über den unteren Teil des Magens, den Dünndarm, die Eingeweide, die Leber und die Nieren. Mars und Venus in Konjunktion in diesem Haus weisen in der Regel auf einen guten Arzt hin.[102]

Bei Geschäften: Wie oben beschrieben, bezogen auf den Käufer oder Investor.

---

[101] Charles Carter. *An Introduction to Political Astrology – Mundane Astrology*. London 1951, S. 91.
[102] William Lilly. *Christliche Astrologie Bd.1*, S. 73.

Farben: Dunkle Farben.

Qualitäten: fallend, weibliche, Nachthaus. Ungünstig, denn es bildet keinen Aspekt zum Aszendenten.

Richtung:.West-Nord-West.

Assoziierte Planeten und Zeichen: Mars hat hier seine Freude. Jungfrau und Merkur sind Mit-Signifikatoren.

Namen: Mala Fortuna („übles Geschick"). Das Haus der Krankheit.

Das 7. Haus

Prinzipielle Herrschaft: Heirat und alle Arten intimer Beziehungen, der Ehepartner, die Geliebte oder der Liebhaber. Geschäftliche Partnerschaften und die juristischen Verträge, die diese betreffenden juristischen Vereinbarungen. Watters bemerkt, dass eine Verletzung des 7. Hauses „einen offenen Bruch in einer Partnerschaft oder Ehe[103]" repräsentiert. Dieses Haus weist auf die Gegenseite bei einer Gerichtsverhandlung oder bei einem juristischen Konflikt hin. In Mundanhoroskopen zeigt es die Möglichkeit eines Krieges an.

Alle Feinde, die identifizierbar sind, gehören zu diesem Haus. Das 12. Haus warnt vor geheimen Feinden, die im Verborgenen operieren. Aber sobald man von deren Existenz weiß, werden sie vom 7. Haus repräsentiert, welches die gegenläufigen Kräfte bezeichnet, sowie all jene, die in unser Territorium eindringen oder gegen uns vorgehen.[104] Dies passt sogar, wenn die Identität des

---

[103] Barbara Watters. *Horary Astrology and the Judgement of Events.* S. 65.

[104] William Lilly legt nahe, dass bei einer Frage nach möglichen geheimen Feinden die Frage dem 12. Haus zugewiesen wird, wenn der Fragesteller nicht in der Lage ist, den vermuteten geheimen Feind zu benennen. Kann er diesen beim Namen nennen, dann sollte die Frage dem 7. Haus zugewiesen werden. William Lilly. *Christliche Astrologie Bd.1*, S. 509.

Gegners unbekannt ist. Bei stundenastrologischen Fragen, einen Diebstahl betreffend, verwendet man das 7. Haus zur Beschreibung des Täters. Das 7. Haus bezeichnet auch Flüchtlinge und Ausreißer, ebenso Kriminelle auf freiem Fuß oder entsprungene Sträflinge. Bei Reisen verweist es auf den Bestimmungsort, und wenn zur Disposition steht, ob man umziehen soll oder nicht, bezeichnet es den möglichen Umzugsort.

Simmonite schlägt vor, dass es auch für Großväter steht (das 4. Haus vom 4. Haus), aber dies lesen wir in der Regel direkt vom 4. Haus ab. Diese Variante sollte man also nur dann heranziehen, wenn man für den Vater und den Großvater je einen eigenen Signifkator benötigt.

In der Stundenastrologie: Das 7. Haus ist der allgemeine Signifikator für die Person am anderen Ende des Prozesses. Im Handel ist es der Kunde, in medizinischen Behandlungen ist es der Arzt, und bei astrologischen Konsultationen ist es der Astrologe. Ist dieses Haus oder sein Herrscher stark angeschlagen, ist es für den Astrologen ratsam, deren Beurteilung sorgfältig zu prüfen, denn es könnte zu Beeinträchtigungen kommen, oder die Situation, um die es geht, könnte unvorhergesehene Schwierigkeiten mit sich bringen. Dies trifft ganz besonders zu, wenn der Herrscher des 7. Haus beschädigt im 10. Haus steht, was Schaden für die berufliche Reputation bedeutet. Betrifft das Fragehoroskop ein Thema des 7. Hauses, dann kann die Verletzung des Herrschers die gerade besprochene Situation betreffen, und in diesem Fall sollte die Warnung nur mit großer Sorgfalt weitergegeben werden.

Das 7. Haus bezeichnet bei allen Fragen zu Beziehungen die andere Person, egal ob der Fragesteller schon in einer Partnerschaft steht oder aufgrund hoffnungsvoller Erwartung fragt. Fragt aber ein Partner über die möglichen Aussichten des anderen in einer gemeinsamen Angelegenheit, dann können wir diese Partnerschaft als eine Einheit sehen, so dass beide dem 1. Haus zugewiesen werden. Nehmen wir zum Beispiel die Frage: „Sollte mein Mann einen Geschäftspartner suchen?“ Die Frage stellt seine Frau, die seine

Karriere unterstützt und damit auch sein Dilemma mitträgt, denn sie identifiziert sich mit ihm, indem sie diese Frage stellt. Bei solch einem Fragehoroskop ist es nicht erforderlich, den Ehemann im 7. Haus der „anderen Seite“ zu sehen, dieses steht vielmehr eher für den potenziellen Geschäftspartner, nach dem gefragt wird.

Manche vermuten, dass das 7. Haus auch vermisste Personen anzeigen müsste, da es auch mit Ausreißern zu tun hat. Aber die von ihm gekennzeichneten Flüchtigen sind solche Personen, die unserem persönlichen oder dem gesellschaftlichen Einfluss entgehen möchten. So nehmen sie auch die Kennzeichnung des 7. Hauses an, die wir der Beute bei der Jagd zuweisen.[105] Es gilt festzuhalten, dass das 7. Haus nicht nur „die andere Person“ ist. Dies betrifft nur diejenigen, die mit denen wir direkt oder persönlich zu tun haben, oder allgemein Partnerschaften, denen wir uns gegenüberstellen. Folglich wäre die prominente Person bei der Frage „Wird die Berühmtheit gefunden?“ durch das 1. Haus gekennzeichnet, denn es besteht keine über die allgemeine Neugier hinausreichende Beziehung zwischen dem Fragesteller und der Person, nach der gefragt wird. Aber bei der Frage „Wird der Führer des Landes, mit dem wir uns in Krieg befinden, gefunden werden?“ wird dieser durch das 7. Haus gekennzeichnet, ebenso wie jeder Angreifer oder Täter bei öffentlich gemeldeten Verbrechen.

In der Mundanastrologie: Die Heirats- und Scheidungsrate eines Landes und alles, was damit zu tun hat. Öffentliche Feinde, z.B. Staatsfeinde – Verbrecher und flüchtige Rechtsbrecher. Ob Krieg oder Frieden zu erwarten ist. Verträge und Vereinbarungen mit anderen Nationen. Raphael schreibt:

„Merkur im 7. Haus bezeichnet Aktivitäten in fremden Angelegenheiten und bei guter Aspektierung Staatsverträge, wirtschaftliche Vereinbarungen sowie erfolgreiche Verhandlungen mit anderen Mächten. Schlecht aspektiert deutet dies auf Betrug gegenüber anderen Mächten, diplomatische Schnitzer, Vertragsbrüche, wirt-

[105] William Lilly. *Christliche Astrologie Bd.1*, S. 406 f.

schaftliche Auseinandersetzungen mit fremden Ländern und allgemeine Unstimmigkeiten in internationalen Angelegenheiten."[106]

Carter weist darauf hin, dass dieses Haus internationale Kriegsführung anzeigt sowie Verträge und Allianzen. Er rät aber, dass man freundliche Staaten auch im 11. Haus suchen sollte, und dass alles, was mit internationalen Angelegenheiten zu tun hat, mit dem 9. Haus in Verbindung steht.[107]

Bei Prozessen oder Konflikten: Der Gegner. Der Angeklagte in einem Prozess. Verurteilte Personen.

Bei Ereignissen: Die Person, gegen die sich die Handlung richtet oder gegen die ein Antrag oder eine Anfechtung ergeht.

Bei medizinischen Angelegenheiten: Der Arzt, der ein Gebrechen behandelt, und seine Fähigkeit, eine Krankheit zu heilen. Im Körper herrscht es vom Nabel bis zum Ansatz der Beine, einschließlich des Gesäßes, Dünndarms, Gebärmutter, und der Fortpflanzungsorgane.

Bei Geschäften: Der Verkäufer oder die Person, mit der man Handel treibt. Das Vorhandensein einer gesunden Kundenbeziehung.

Farben: Schwarz und sehr dunkle Farben. Simmonite nennt Blau-Braun.

Qualitäten: Eckhaus, männlich, Taghaus. Dies ist ein stark gestelltes Haus, aber in gefährlichen Situationen attackiert es die Sicherheit dessen, was es im Horoskop repräsentiert, denn es steht in Opposition zum Aszendenten.

Richtung: West.

---

[106] Raphael. *Mundane Astrology*. S. 37.
[107] Charles Carter. *An Introduction to Political Astrology: Mundane Astrology*. S. 91.

Assoziierte Planeten und Zeichen: Kein Planet hat hier seine Freuden. Lilly schreibt: „Mars oder Saturn sind in diesem Haus ungünstig und zeigen eine schlechte Ehe an.“ [108] Waage und Mond sind die Mit-Signifikatoren.

Namen: Die Westecke, Dysis („Westen/Sonnenuntergang“), Haus der Ehe.

Das 8. Haus

Prinzipielle Herrschaft: Alles, was mit Verlust, Zerfall, Tod und den damit verbundenen Ängsten zu tun hat. Die Todesart. Wer den Verstorbenen beerben wird. Unerwartete Erbschaften, letzter Wille, Vermächtnisse und Testamente. (Beachte, dass man im 4. Haus auch Vaterschaft und das Vermögen der Eltern findet).

Geld, das einem Partner, Gatten oder einer anderen Partei gehört. Finanzielle Verpflichtungen, Schulden, Steuern, Ausleihen, Verluste oder fremdes Geld.(Sucht man einen günstigen Zeitpunkt für eine Ausleihe, sollte man sicherstellen, dass der Herrscher des 2. Hauses stark und in guten Würden steht. Der Herrscher des 8. Hauses zeigt sich eher günstig für den Verleiher. Selbst bei günstigen Aspekten zwischen dem 2. Haus und dem 8. Haus sollte der Herrscher des 2. Haus vom Herrscher des 8. Hauses gut bestrahlt sein, um einen Schutz vor Verlusten garantieren zu können.[109]

Transite durch dieses Haus deuten oft auf eine Notwendigkeit sich zu konsolidieren, sich zurückzuziehen und neu aufzustellen. Oder sie bedeuten den Verlust jener Lebensgrundlagen, die nicht mehr länger fruchtbar sind oder ihren Zweck inzwischen erfüllt haben. Der Planet zeigt, inwieweit der Verlust akzeptiert wird.

---

[108] William Lilly. *Christliche Astrologie* Bd.1, S. 74.

[109] D.h. der Herrscher des 2. Hauses sollte im Domizil, in der Erhöhung oder der Triplizität, oder zugleich in Grenze und Dekanat des Herrschers vom 8. Haus stehen.

Die traditionelle Astrologie setzt das 8. Haus in Beziehung zu Krisen, Heimlichkeiten, geistigen Qualen, Gift und Todesängsten. Dagegen weist die moderne Astrologie oft darauf hin, dass dies das Haus der inneren Transformation und des Wachstums ist. Vermutlich ist „Transformation" aber ein viel zu weit gefasster Begriff, als dass er überhaupt in nur einem Haus enthalten wäre. Aber die positiven Merkmale der Transformation begleiten den kreativen Schub, nachdem man die Lektionen dieses Hauses gelernt hat. Nur indem wir unseren innersten Ängsten entgegentreten, können diese überwinden und können, gestärkt durch Erfahrung und Weisheit, weitergehen. Aber dieses Haus ist für die Phase des Wachstums nicht relevant. Hier geht es vielmehr um die hemmenden Faktoren, die uns im Weg stehen. Es ist ein Haus der persönlichen Verletzlichkeit, auch wenn diese vielleicht notwendig ist und wir schlussendlich Gewinn aus ihr ziehen. Es ist weise, finanzielle Transaktionen und riskante Aktivitäten zu vermeiden, wenn dieses Haus besonders betont ist.

In der Stundenastrologie: Wie oben: Tod, Verluste, Kummer, Mangelsituationen oder etwas, was den Fragesteller mit solchen in Berührung bringt. Die finanziellen Angelegenheiten der Frau, der Geliebten oder Partnerin. Erbschaften. Alles, was Angst, Unsicherheit und Furcht mit sich bringt. Die Sterblichkeitsrate.

In der Mundanastrologie: Staatsschulden, Steuereintreiber, Gefahr für die Menschen durch Krieg oder nationale Katastrophen, die Ressourcen des Gegners. Wirtschaftsbeziehungen zu anderen Ländern, Erbschaftssteuern, die Art von Menschen, die sterben. Raphael hält fest, was Mars im 8. Haus bedeutet: „viele und oft schreckliche Todesfälle durch Feuer, Unfälle oder Verbrechen. Er verweist auf Tote beim Militär, bei der Marine oder im Sanitätswesen. Auch Menschen in der Eisen- oder Stahlindustrie sowie Personen, deren Geschäfte mit Feuer zu tun haben."[110]

---

[110] Raphael. *Mundane Astrology*. S. 39.

Bei Prozessen oder Konflikten: Die Verbündeten des Gegners. Bei Prozessen die Freunde und Helfer des Angeklagten.

Bei Ereignissen: Watters nimmt an, dass das 8. Haus im Zusammenhang mit Verbrechen Signifikator für den Detektiv ist. Im Falle eines Mordes steht es aber für das Opfer.[111] Ferner stellt sie fest, dass der Signifikator für den Initiator eines Ereignisses im 8. Haus anzeigt, dass das Geschäft nicht zustande kommen wird, oder er wird den Abschluss des Geschäftes nicht mehr erleben.

Bei medizinischen Angelegenheiten: Sexualorgane, Genitalien, die „verborgenen" oder „privaten" Körperteile. Harnzwang oder schmerzhaftes Wasserlassen, Hämorrhoiden, Blase, die Leisten, Gallensteine, Gifte.

Bei Geschäften: Die Finanzen des Verkäufers oder der Person, mit der man handelt.

Farbe: Dunkelgrün.

Qualitäten: Nachfolgendes Haus, weiblich, Nachthaus. Dies ist ein „dunkles" Haus, dem das Licht des Aszendenten durch einen klassischen Aspekt verwehrt ist. Obwohl es einem Eckhaus nachfolgt, ist sein Abstieg in Richtung Deszendent symbolisch für den Verlust an Vitalität und die Notwendigkeit, sich zurückzunehmen.

Richtung: West-Süd-West.

Assoziierte Planeten und Zeichen: In diesem Haus hat kein Planet seine Freude. Dennoch behauptet Firmicus, dass der Mond hier bei Nachthoroskopen akzidentielle Würden habe aufgrund der Betonung nächtlicher Qualitäten. Die klassische Astrologie hat dem

---

[111] Barbara Watters. *Horary Astrology and the Judgement of Events*. S. 66.

Mond oft „dunkle“ Eigenschaften zugeschrieben. Nebensignifikatoren sind Skorpion und Saturn.

Namen: Epicataphora („Übergang“), das Haus des Todes.

Das 9. Haus

Prinzipielle Herrschaft: Weite und lange Reisen; Reisen, die uns an entlegene, ungewöhnliche oder ungemütliche Orte führen. Übersee, Ausland, fremde Länder und weit entfernte Orte. Ausländer, Pilger und Forscher. Plätze und Situationen, wo wir Führung und Weisheit von anderen suchen. Wo wir die Hand nach dem Unbekannten ausstrecken in der Absicht, unser Wissen und Verständnis zu erweitern. Träume, Visionen, inspirierende Gedanken, Divination, Astrologie, Mystik, Philosophie, Glauben. Der Wunsch, sich mit etwas Größerem zu vereinigen. Religion und Priesterschaft jeder Glaubensrichtung. Kirchliche Angelegenheiten. Heilige Stätten, geweihte Orte, intellektuelle Eingebungen und spirituelle Suche.

Wissenschaftliche Leistungen, Prinzipien, Theorien, und Gesellschaften. Bücher, die unser Wissen erweitern. Lernen jenseits der Norm. Weisheit, Forschung, Universität und alle Arten der höheren Bildung. Ramesey schreibt:

Alle Studenten, seien es Astrologen, Ärzte, Juristen, sowie alle sonstigen Studenten.[112]

Gelehrte und praktizierende Juristen werden dem 9. Haus zugeordnet, und es entsteht oft Unklarheit darüber, ob Rechtsanwälte und Menschen, die das Recht geltend machen, mit diesem Haus oder mit dem 10. Haus in Verbindung stehen. In dem Sinne, dass das 9. Haus Unterweisung und Ratschläge von Menschen repräsentiert, die mehr wissen als wir, fallen Anwälte, Ratgeber und Berater

---

[112] Ramesey. *Astrologia Restaurata.* Buch II, S. 108.

generell unter die Prinzipien des 9. Hauses, wenn sie ihre beratende Tätigkeit ausführen. Das Gesetz als Mittel, eine juristische Entscheidung über andere durchzusetzen, gehört dagegen in das 10. Haus – das Haus der Autorität und Führung. Dementsprechend fallen Anwälte und Notare unter das 9. Haus, während Richter und Verwaltungsbeamte dem 10. Haus zugewiesen werden. Wird ein Gesetz im Hinblick auf eine richterliche Entscheidung betrachtet, sollte das Urteil oder Ergebnis mit Hilfe des 10. Hauses gedeutet werden.

In der Stundenastrologie: Wie oben im Hinblick auf den Fragesteller. Die Geschwister des Partners (das 3. Haus vom 7. Haus), Enkelkinder (das 5. Haus vom 5. Haus).

In der Mundanastrologie: Religion. Die Kirche und alle Institutionen, die sich mit spirituellen oder religiösen Dingen befassen. Ist das 9. Haus beschädigt, dann steht das 9. Haus für abstoßende Kulte und dogmatische religiöse Institutionen.

Außenpolitik und Außenministerium. Internationale Gesetze, Weltkonferenzen, die Vereinten Nationen, Verschiffung, Schifffahrt, lange Reisen (Passagierreisen und Handelsfahrten), Luftfahrtlinien.

Das Verlagswesen, Kommunikation über weite Strecken oder große Entfernungen, internationaler Austausch. Universitäten, Fachhochschulen, alle Einrichtungen für eine höhere Bildung oder spezielle Studien. Professoren, philosophische und wissenschaftliche Institute und Veröffentlichungen. Die Anwaltskammer.

Bei Prozessen oder Konflikten: Wie oben beschrieben für den zutreffend, der die Aktivität initiiert. Bei Prozessen die Anklagevertreter oder Staatsanwälte. Vorladungen und Schriftverkehr, die den Angeklagten betreffen.

Bei Ereignissen: Bei Kriegshoroskopen steht es für die angegriffene Seite.

Bei medizinischen Angelegenheiten: Gesäßbacken, Hüften, Oberschenkel.

Bei Geschäften: Berichte, Urkunden und Verträge, die den Verkäufer betreffen, oder die Person, mit der man Geschäfte macht. Eine Rechtsberatung für den Käufer.

Farbe: Hellgrün.

Qualitäten: Fallend, männlich, Taghaus. Das Trigon zum Aszendenten und die Freude der Sonne in diesem Haus schwächt die ungünstige Position als fallendes Haus ab. Lilly schreibt:

Wenn Jupiter hierin platziert ist, deutet dies auf einen frommen Mann dieser Religion hin oder einen, dem Bescheidenheit gegeben ist. Wenn der Mondknoten oder Mars oder Saturn in diesem Haus schlecht gestellt sind, habe ich beobachtet, dass der Fragende entweder nur ein bisschen besser als ein Atheist oder ein hoffnungsloser Sektierer ist.[113]

Richtung: Süd-Süd-West.

Assoziierte Planeten und Zeichen: Die Sonne hat ihre Freude im 9. Haus. Schütze und Jupiter sind Mit-Signifikatoren.

Namen: Deus („Gott"), das Haus der Religion.

Das 10. Haus

Prinzipielle Herrschaft: Beruf, Beschäftigung oder das Gewerbe. Auch Arbeitgeber und Befehlshabende. Ehre Prestige, Reputation, Ansehen, Macht, Kontrolle, Würde, Ruhm, Lob, Beförderung – die

---

[113] William Lilly. *Christliche Astrologie Bd.1*, S. 75.

weltliche Stellung, Karriere oder Lebensinteressen, die dies erreichbar machen. Die Wahrscheinlichkeit für Erfolg entsprechend der Stellung im Leben. Auszeichnungen, Trophäen oder Preise. Ruhm, schlechter Ruf, traurige Berühmtheit – der Blick der Öffentlichkeit. Schlechter Ruf und schlechte Publicity, wenn das 10. Haus beschädigt ist. Sonne, Jupiter und Venus gut aspektiert deuten auf beruflichen Erfolg. Saturn deutet auf Verantwortung hin oder bei schlechter Aspektierung auf Schande und Ruin.

Menschen in angesehenen Positionen wie das Königshaus oder der Adel: Könige, Prinzen, Herzöge, Grafen usw. Die Regierung oder Behörden. Alle Formen von Autorität, Entscheidungsgewalt und Exekutive – Polizei, Gerichte, befehlshabende Offiziere, der Chef usw. Gerichtliche Entscheidungen, Urteile und Urteilsbegründungen.

Der Wunsch, etwas zu leisten und der Welt zu geben. Während das Imum Coeli auf die Wurzeln unserer Existenz und Herkunft verweist, zeigt die Himmelsmitte das, was wir nach außen tragen und in die Gemeinschaft einbringen, sowie die Früchte unserer Arbeit. Antike Autoren erkannten seinen Einfluss bei den verschiedensten Angelegenheiten, auch auf die Ehe und die Kinder. Traditionell ist es das Haus der Mutter.

In der Stundenastrologie: Nach der Anwendung oben auf den Fragesteller zutreffend. Besitz der Ehefrau (das 4. Haus vom 7. Haus). Der Wohlstand der Enkelkinder (2. Haus vom 9. Haus). Die Lichter im 10. Haus bringen Entdeckungen: Die Sonne im 10. Haus ist z.B. ein Argument dafür, dass der verlorene Gegenstand gefunden wird oder dass die Wahrheit ans Licht kommen wird. Lilly sagt auch, wenn man wissen will, ob jemand vertrauenswürdig und ehrlich ist, sollte man die Planeten im 10. Haus überprüfen: Sonne, Jupiter, Venus oder der Nordknoten im 10. Haus lassen Rechtschaffenheit und gute Absichten annehmen. Saturn, Mars oder der Südknoten deuten auf Betrug hin.[114]

---

[114] William Lilly. *Christliche Astrologie Bd.1*, S. 223.

In der Mundanastrologie: Die Amtsgewalt im Staat, seien es Premierminister, Regierungen, Könige, Präsidenten oder Diktatoren. Die Polizei oder Armee, sobald sie Machtansprüche über das Volk erheben. Staatsoberhäupter, Das nationale Ansehen. Ansehen und Macht, nationaler Handel und Einfluss. Carter betont, dass dies das wichtigste und stärkste aller Häuser in der Mundanastrologie ist, und dass Planeten hier eine weitreichende Bedeutung haben.[115]

Bei Prozessen oder Konflikten: Bei Rechtsangelegenheiten haben wir hier den Richter oder die richterliche Instanz. Eine Verletzung deutet auf eine korrupte oder ungerechte gerichtliche Entscheidung hin. Falls in Würde wird der Gerechtigkeit Genüge getan. Die Stellung der Sonne im 10. Haus erhellt die Angelegenheit und legt nahe, dass die ganze Wahrheit ans Licht kommen wird (es sei denn, die Sonne ist schlecht bestrahlt). In den entsprechenden Ländern die Macht zur Exekution. In Kriegshoroskopen die Art der Luftangriffe.

Bei medizinischen Angelegenheiten: Die Behandlung; ob die Medizin zum Erfolg führen wird, um die Krankheit zu überwinden. Das 10. Haus in Würden zeigt an, dass die zur Behandlung eingesetzten Heilmittel stark und wirksam sind. Ist das 10. Haus geschwächt, dürfte die verabfolgte Behandlung schädlich oder ineffektiv sein. Die Knie und die Oberschenkel, Waden, Schienbeine.

Bei Geschäften: Der Preis. Das 10. Haus in Würden oder dessen Herrscher in einem Eckhaus (oder sonst stark gestellt) verweist auf einen guten Marktwert. Ist der Herrscher des 10. Hauses verletzt oder rückläufig, dann ist der Marktwert niedrig oder im Fallen begriffen. Das 10. Haus beschreibt auch den guten Ruf des Unternehmens. Der Wert der Handelsmarke. Die Tauglichkeit des Firmenlogos, die Kraft des „Markennamens". Das Marketingpotenzial.

Farben: rosa, hellrot.

---

[115] Charles Carter. *An Introduction to Political Astrology: Mundane Astrology*. S. 91.

Qualitäten: Eckhaus, weiblich, Nachthaus. Viele Astrologen halten dies für das wichtigste Eckhaus überhaupt. Ein Planet an der Himmelsmitte wird einen sehr starken Einfluss auf alles haben.

Richtung: Süden.

Assoziierte Planeten und Zeichen: In diesem Haus hat kein Planet seine Freude. Mit-Signifikatoren sind Steinbock und Mars. Lilly schreibt:

Jupiter und die Sonne begünstigen sehr, wenn sie in diesem Haus stehen. Mit Saturn oder Drachenkopf wird hochqualifizierten Personen gewöhnlich die Ehre vorenthalten. ... Wenig Freude in Beruf, Handel oder Geheimlehre, wenn sie Handwerker sind.[116]

Namen: Das Medium Coeli, Himmelsmitte, Südecke, Haus des Berufs.

Das 11. Haus

Prinzipielle Herrschaft: Traditionell als das „Haus der guten Geschicks“ bekannt. Das 11. Haus herrscht über Freunde, Freundschaft, Helfer, Wohltäter, sowie all diejenigen, die uns direkt oder insgeheim helfen. Es ist das Haus des förderlichen Schicksals, der positiven Hoffnungen, des Vertrauens, des Lobes, des Trosts, der Ziele und Ambitionen. In der modernen Astrologie sagt man, dass es die weiter gefassten sozialen Kreise wie Bekanntschaften und Gruppierungen vertritt, ebenso weitergehende Ambitionen, politische Ideale, sowie all die, die unsere Ziele teilen. Sein Zustand zeigt die Treue oder Falschheit von Freunden an, und es ist mit der Förderung durch Weiterempfehlung verbunden.

Als das dem 10. Haus nachfolgenden Haus herrscht das 11. Haus traditionell über die Günstlinge, Berater, Anhänger und Verbünde-

[116] William Lilly. *Christliche Astrologie Bd.1*, S. 75.

te des Königs (oder Herrschers). Insofern repräsentiert es auch das Parlament und die beratenden Versammlungen, sowie die Vertreter der Regierung und der herrschenden Macht.

Es ist das Haus des Ehrgeizes, der Freiheit, des Optimismus und des Vertrauens. Es bedeutet persönliche Stärke, Motivation und Wachstum.

In der Stundenastrologie: Die Freunde des Fragestellers. Stiefkinder, falls man diese nicht als seine eigenen ansieht (5. Haus vom 7. Haus). Der Profit oder die Einnahmen aus einer beruflichen Unternehmung (2. Haus vom 10. Haus). Das Geld der Mutter (2. Haus vom 10. Haus).

Wünsche, Hoffnungen und persönliche Ziele. Lilly sagt, wenn der Fragesteller einen geheimen Wunsch hat, aber nicht gewillt ist, diesen zu äußern, dann wird das 11. Haus anzeigen, ob es wahrscheinlich ist oder nicht, dass der Wünsch in Erfüllung geht. Er nannte es auch das Haus von „Trost und Linderung" und verwendete es, um Orte festzustellen, an denen wir Sicherheit und Genesung erlangen – gleichsam den sicheren Hafen auf Schiffskarten.

In der Mundanastrologie: Das Parlament, der Gemeinderat, die Landesregierung oder ähnliche Körperschaften und Institutionen. Freunde und Verbündete der Nation.

Bei Wahlhoroskopen zeigt das 11. Haus die Mittel der Macht habenden Partei. Im Bürgerkrieg steht es für das Vermögen und die Munitionslager der herrschenden Macht.

Die Hoffnungen der Nation. Watters sagt, „das Volk ist desillusioniert, wenn das 11. Haus beschädigt ist."[117]

Nationale Langzeitprogramme und Zeitpläne zur Wertsteigerung. Campion, Baigent und Campion schreiben dazu:

Das 11. Haus kann auch mit langfristigen Hoffnungen, Wünschen, Ambitionen und Idealen verbunden sein.[118]

---

[117] Barbara Watters. *Horary Astrology and the Judgement of Events*. S. 67.

[118] Michael Baigent, Nick Campion und Charles Harvey. *Mundan-Astrologie – Handbuch der Astrologie des Weltgeschehens*. Wettswil 1989, S. 193.

Stätten und Institutionen, die Schutz und Entspannung bieten (Krankenhäuser, Pflegeanstalten und andere Institutionen, in denen unsere Freiheit eingeschränkt ist, wurden traditionell immer mit dem 12. Haus in assoziiert. Aber in dem Sinne, dass Krankenhäuser zur Linderung von Schmerzen und Beschwerden beitragen, kann es Situationen geben, wo man diese eher dem 11. Haus zuweist).

Bei Prozessen oder Konflikten: Bei Horoskopen, die Gerichtsverfahren betreffen, kann dieses Haus in Bezug auf den Angeklagten einen wichtigen Betreff darstellen. Ganz abgesehen davon, dass es ein allgemeiner Hinweis darauf sein kann, wie selbstsicher der Angeklagte ist, kann das 11. Haus der Freiheit und der Entlassung in einem Berufungsverfahren gegen eine Inhaftierung und für die Freilassung eines Gefangenen plädieren.

Bei Ereignissen: Wie oben, auf den gemünzt, der die Sache ins Rollen bringt. Ist dieses Haus oder sein Herrscher in Ereignishoroskopen günstig gestellt, dann gibt es gute Gründe, positive Hoffnungen zu haben oder die Erwartung, dass das Ereignis etwas Gutes mit sich bringen wird.

Bei medizinischen Angelegenheiten: Die Beine bis zu den Knöcheln. Der durch das 1. Haus repräsentierte gute Geist verweist auf eine zuversichtliche geistige Haltung, sowie auf Widerstand gegen die schwächenden Krankheitsfaktoren.

Bei Geschäften: Agenten oder Vermittler, die im Namen des Verkäufers oder im Auftrag des Geschäftspartners handeln.

Farbe: Gelb.

Qualitäten: Nachfolgend, männlich, Taghaus. Ptolemäus betrachtete das 11. Haus als recht einflussreich, denn es steigt auf, um die Himmelsmitte zu besetzen. Er gab ihm die Herrschaft über Kinder, ein Einfluss, der auch in vielen späteren Werken vorgeschlagen wird. So schreibt Simmonite beispielsweise, dass Mars im 11. Haus „böse Kinder“ anzeigt.[119] Lilly sagt, dass es an Kraft und Einfluss mit dem 4. Haus und dem 7. Haus vergleichbar sei.

Richtung: Süd-Süd-Ost.

Assoziierte Planeten und Zeichen: Jupiter hat in diesem Haus seine Freude und viele der ihm zugeschriebenen Assoziationen zeigen eine Geistesverwandtschaft mit den natürlichen Einflüssen Jupiters. Mit-Signifikatoren sind Sonne und Wassermann.

Namen: Bona Fortuna („das gute Glück“). Das Haus der Freude.

Das 12. Haus

Prinzipielle Herrschaft: Das 12. Haus repräsentiert Angelegenheiten, die verborgen, verhalten, geheim, nicht handhabbar oder unverstanden sind. Dies kann manchmal Zustände suggerieren, die sich noch in einem verfrühten Entwicklungszustand befinden und vom unbewussten Verstand noch nicht erfasst werden können.[120] In der Tradition ist es jedoch ein ganz und gar unglückliches Haus, das verknüpft wird mit traurigen Ereignissen, Sorgen, seelischen Qualen, Widerwärtigkeiten, Gefangenschaft, Freiheitsstrafen, Verfolgung, harter Arbeit, allen Arten von Verletzungen und Selbstzerstörung. Es repräsentiert Orte, die dem Blick der Öffentlichkeit entzogen sind, besonders wenn diese mit Abgeschiedenheit oder Isolation zu tun haben. Oder Orte, an denen ein sorgenfreier Le-

---

[119] Simmonite. *Horary Astrology – The Key to Scientific Prediction*. S. 89.

[120] Ein kürzlich von mir erstelltes Stundenhoroskop mit der Frage „Werde ich schwanger?“ zeigte, dass die Fragestellerin bereits schwanger war, sich dessen jedoch noch gar nicht bewusst war. Hierfür stand das separative Trigon des Mondes zur Venus, Herrscherin von 5 in 12. Da die Signifikatoren in dem Horoskop vorwiegend positiv waren, bezog sich dies auf eher unbekannte Faktoren als auf destruktive.

bensstil eingeschränkt ist, wie etwa Anstalten oder Gefängnisse. Viele Quellen weisen auch Klöster dem 12. Haus zu wegen der Abgeschiedenheit, aber Mönche, Nonnen und Klöster gehören zum 9. Haus der Religion.

Das 12. Haus hat einen generellen Bezug zu Paranoia, Phobien, Skandalen oder Sorgen wegen eines dunklen Flecks in der Vergangenheit. Ich habe schon oft festgestellt, dass Transite auf den Radix-Uranus in diesem Haus auf eine Zeit hindeuten, in der Geheimnisse oder verborgene Laster aufgedeckt werden. Es hat viel zu tun mit Schande oder einer ängstlichen Denkart, die zur Befürchtung eines Ruins oder zu dem Gefühl führt, dass man von Schwierigkeiten erdrückt werde. Barbara Watters sagt dazu: *„sehr nachteilige Verbindungen zwischen dem 8. Haus, dem 12. Haus und dem Aszendenten lassen vermuten, dass der Fragesteller über Selbstmord nachdenkt.“* Lilly sagte dagegen: *„Signifikator des Fragenden, rückläufig und im 12. Haus, so als würde der Fragende daran zweifeln“*[121]

Zu den Bedeutungen des 12. Hauses gehören geheime und unbekannte Feinde, wie zum Beispiel Menschen, die ihre Nachbarn böswillig schikanieren oder diese anonym anzeigen. Verräter, Spione, Hexerei und Blasphemie. Gehässige Verfolgungen. Schwäche, Gebrechlichkeit und Sklaverei. Dariot brachte das 12. Haus in Zusammenhang mit *„Betrügern, neidischen Menschen .... bösen Gedanken und Verleumdungen.“*[122]

Wir dürfen nicht vergessen, dass jedes Horoskop ein 12. Haus und folglich auch einen Herrscher des 12. Hauses hat. Die Notwendigkeit, seine Hinweise zu beachten, wird vom Gesamthoroskop festgelegt. Wir sollten auch unterscheiden zwischen moralischen Absichten und äußeren Umständen. Zeigt die Sonne im 12. Haus die Tendenz, die Wahrheit zu verbergen oder eine Neigung, immer in den dunkelsten Ecken zu suchen, was sich andere nicht getrauen würden? Zeigt dies ein Empfinden von Isolation an oder einen

---

[121] William Lilly. *Christliche Astrologie Bd.1*, S. 463.

[122] Dariot. *A Brief and Most Easie Introduction to the Judgement of the Stars*. Kap. 13. Nottingham 1998 (Faksimile).

Hang zu Abgeschiedenheit? Menschen mit der Sonne im 12. Haus waren in der Lage, sehr erfolgreiche Laufbahnen einzuschlagen, aber dies hat oftmals persönliche Opfer gekostet, man musste sich mit Kritikern herumschlagen und mit politischen Manövern gegen unterschwellige Opposition befassen.

Das 12. Haus herrscht auch über große Tiere wir Pferde, Ochsen, Elefanten oder, in den Worten von Ibn Ezra: *„Jene, die dem Menschen als Reittier dienen."*[123] Das 12. Haus kann man auch verwenden, um die Sippe der Mutter zu bezeichnen (das 3. Haus vom 10. Haus); oder Finanzen von Freunden (das 2. Haus vom 11. Haus); die Krankheit des Partners (das 6. Haus vom 7. Haus); den Tod der Kinder (das 8. Haus vom 5. Haus).

In der Stundenastrologie: Wie oben beschrieben, angewandt auf den Fragesteller. Signifikatoren im 12. Haus können vor heimlichen Aktivitäten warnen, dergestalt, dass der Fragesteller die Umstände der Situation, nach der er fragt, nicht vollends versteht. In solchen Fällen kann das folgende Zitat von Olivia Barclay von Bedeutung sein: „Ist die Spitze des 12. Hauses im gleichen Zeichen wie der Aszendent, dann ist der Fragesteller sein eigener Feind."[124]

In der Mundanastrologie: Gefängnisse, Reformatoren. Kriminelle, Spione, geheime Feinde der Nation, sowohl im eigenen Land als auch im Ausland.

Untergrundbewegungen, Geheimgesellschaften und okkulte Gruppen. Orte der Isolation und Einschränkung. Verbannte, entfremdete und eingekerkerte Personen.

Hospitäler, Pflegeanstalten, Irrenhäuser, Institutionen, die sich um Schwache, Kranke oder Bedürftige kümmern, wie karikative Einrichtungen, Wohlfahrtsorganisationen. Der Sozialstaat. Konzentrationslager. Politisches Asyl Suchende. Menschen, die versklavt oder gefesselt sind. Heimatlose, Verwundete, Kranke.

---

[123] Ibn Ezra. *Beginning of Wisdom*. Kap. 3, S. 193.
[124] Olivia Barclay. *Horary Astrology Rediscovered*. S. 78.

Bei Prozessen oder Konflikten: Dies ist das Haus der Einkerkerung. Wenn es bei einem Gerichtshoroskop betont wird, dann deutet dies auf die Inhaftierung des Angeklagten. Außerhalb der Gerichtsverfahren kann es anzeigen, dass der Täter eines Verbrechens abtaucht. Bei Konflikten oder verhängnisvollen Ereignissen bedeutet das 12. Haus die Arbeit von Saboteuren, wenig hilfreiche, schicksalhafte Einflüsse oder unbekannte Elemente der Zerstörung.

Bei Ereignissen: Die Sonne im 12. Haus eines Ereignishoroskops kann die untergründigen Faktoren anzeigen, die nicht ans Licht der Öffentlichkeit kommen.

Bei medizinischen Angelegenheiten: Besonders die Füße. Der ungünstige Grundcharakter des 12. Hauses stellt grundsätzlich einen Zusammenhang zu Krankheit und Unfähigkeit her.

Bei Geschäften: Besondere Vorsicht ist angeraten, wenn das 12. Haus im Horoskop von geschäftlichen Transaktionen betont ist. Unbekannte Faktoren können am Werk sein, wesentliche Details können zurückgehalten werden. Der allgemeine Ruf, dass das 12. Haus Schaden und Selbstvernichtung bringt, lässt bei geschäftlichen Aktivitäten nichts Gutes ahnen.

Farben: Grün.

Qualitäten: Fallend, weiblich, Nachthaus, Ein dunkles Haus, das den Ruf hat, das ungünstigste des ganzen Horoskops zu sein.

Richtung: Ost-Süd-Ost.

Assoziierte Planeten und Zeichen: Saturn hat in diesem Haus seine Freude. Dazu Lilly: „*... denn naturgemäß ist Saturn Urheber von Unheil.*“[125]

---

[125] William Lilly. *Christliche Astrologie Bd.1*, S. 76.

Namen: Mala Fortuna („böses Schicksal"). Das Haus der Feinde. Dazu Lilly: „*Manchmal cataphora genannt, was alle fallenden Häuser sein können.*"[126]

[126] William Lilly. *Christliche Astrologie Bd.1*, S. 76.

Die Häuserproblematik

Angesichts der Verschiedenheit der zur Verfügung stehenden Systeme stehen alle Astrologen vor der Qual der Wahl, welche Methode der Häuserteilung sie sich zu eigen machen sollen. Jedes Häusersystem hat seine Verdienste, und es wäre eine unmögliche Aufgabe, eines davon als das universell zu bevorzugende auszuwählen. Denn die Frage, welche Häusermanier am besten funktioniert, hängt empfindlich von subjektiven Schlussfolgerungen, unterschiedlichen Deutungsstilen oder geografisch unterschiedlichen Anwendungen ab. Trotzdem haben viele Astrologen versucht, die von ihnen gewählte Methode als das „wahre" System zu etablieren, während man die anderen als verfälscht betrachten könne. Oft begründet man das damit, dass man Einblick in das Originalsystem genommen habe, wie in den Schriften von Ptolemäus niedergelegt. Dabei brachte Ptolemäus gegen die Verwendung von Häusern generell seine Abneigung zum Ausdruck; im *Tetrabiblos* kommt er kaum auf die Häuserdeutung zu sprechen. Aber wenn man die Entwicklung der Häuserkonstruktion auf die frühesten Quellen zurückführt, so bietet uns dies einen klaren Weg, auf dem wir zur Einsicht in die inhärenten technischen Schwierigkeiten gelangen und die resultierenden Versuche ins Auge fassen können, wie diese Schwierigkeiten durch alternative Berechnungsmethoden gelöst werden sollten.

Es ist viel ergiebiger, die Mehrdeutigkeiten und die Widersprüchlichkeiten bei den alten Autoren zu untersuchen, als der Verlockung zu erliegen, deren übereinstimmende Meinung darzustellen. Unser heutiges Verständnis der Häuserteilung in der Antike ist derzeit getrübt von Verwirrungen und Vermutungen, wobei die philosophische Perspektive, die astrologische Herangehensweise und der Lebensstil des Astrologen stark unterbewertet werden. Wie wichtig dies ist, demonstriert bereits die älteste uns zur Verfügung stehende Quelle, die *Astronomica* von Manilius. Das Werk wurde ungefähr im Jahr 10 v. Chr. verfasst und ist somit ungefähr 100 Jahre älter als der *Tetrabiblos* von Ptolemäus. Manilius gilt derzeit als die älteste uns erhaltene Quelle, in der die antike philosophische Auffassung der Häuser erforscht werden kann.

Die Häuser als dreidimensionale Teilung des Raums

Autoren, die die astronomischen Grundlagen der Astronomica kritisieren, übersehen oft die Tatsache, dass der Text in Versen geschrieben wurde. Es lag nicht in der Absicht des Manilius, seine Fähigkeiten als Wissenschaftler oder gar als praktizierender Astrologe kundzutun, sondern er wollte sich als Dichter etablieren. Seine Aufgabe sah er darin, „von den Sternen zu singen" und dies vervollkommnet er mit Passagen von künstlerischer Pracht und großer literarischer Schönheit. Wir könnten von daher einräumen, dass die *Astronomica* in erster Linie als Überblick über die Mythen und die Symbolik dient, und dass Manilius wenig bis gar keine astrologische Theorie zueigen ist. Dass es ihm aber dennoch gelang, die technischen Grundlagen der Astrologie in ein ästhetisches Werk einzugliedern, grenzt an ein kleines Wunder.

Nichtsdestotrotz führte eine sorgfältige Erforschung seiner Terminologie die Gelehrten zu dem Schluss, dass er, wenn er von der Häuserteilung spricht, sich auf eine Methode bezieht, welche die gesamte Himmelssphäre umfasst und nicht nur den Bereich der Ekliptik.[127] Diese Erkenntnis ist sehr wichtig, denn spätere Ansätze zur Häuserteilung versuchen die Segmentierung über eine Aufteilung des Tierkreises (der zu beiden Seiten der Ekliptik liegt) vorzunehmen, anstatt einer gleichmäßigen Einteilung des gesamten örtlichen dreidimensionalen Beobachtungsrahmens.

[127] Einen fundierten Aufsatz dazu schrieb Prudence Jones, der in dem Band *History and Astrology, Clio und Urania Confer* (London 1995) veröffentlicht wurde.

Hier haben wir nun ein Argument gegen die Annahme, dass klassische Autoren wie Vettius Valens, der allem Anschein nach nur Ganzzeichenhäuser verwendete, mit der „Originalmethode" gearbeitet hätte.

Manilius bekannte sich zu einer Tradition für sein astrologisches Wissen: *Fremde Gaben zur Hand, die vor mir noch niemand gebracht hat*[128]. Wir können mit Sicherheit annehmen, dass er sich nicht mit dem ursprünglichen Wissen befasst hat, aber er kann stolz darauf sein, als Erster die Sichtweise älterer Zivilisationen an ein damit nicht vertrautes Publikum weitergegeben zu haben. Sicher zeigt ein Großteil seines Werkes eine enge philosophische Verbindung mit der beobachtenden Methode der mesopotamischen Divination. Dort fing die erste Teilung des Himmels mit den Kardinalpunkten und deren Grenzlinien in Osten, Westen, Norden und Süden an. Das Interesse an den Planetenbewegungen war nicht auf den Gürtel der Ekliptik eingeschränkt und berücksichtigte alle Formen von Himmelsaktivität im gesamten Himmelsgewölbe. Dazu zählten auch Blitze, Wolken, die Farben und Schatten des Himmels, sowie alles, was von außergewöhnlicher Erscheinung war. Das Verweiszeichen zur Definition einer Bedeutung war die räumliche Lage in der Sphäre und ob das Objekt links, rechts, über oder unter dem Horizont war. Die Verwendung von „Segmenten" und „Bedeutungsfeldern", die unter der Herrschaft bestimmter Götter standen, hat eine sehr lange Geschichte bei den Divinationstechniken, und es gibt Belege dafür, dass dies schon im 2. Jahrtausend vor Christus bei der Leberschau, der Beobachtung des Vogelfluges, der Planung von Städten und in allen Formen mystischen Wissens Eingang gefunden hat. Man darf annehmen, dass dies in der antiken Astrologie eine größere Rolle spielte, als wir aufgrund der uns heute noch zugänglichen fragmentarischen Belege nachweisen können, obwohl dies möglicherweise erst nach Einführung des Tierkreises als Hauptinstrument zur astronomischen Messung in einer Zwölfteilung erfolgte. Der Text von Manilius gibt uns gute Hinweise da-

[128] Manilius I, 5. S. 9.

rauf, dass das ursprüngliche Konzept auf der Unterteilung der örtlichen Himmelssphäre beruhte, die durch den örtlichen Horizont, den Meridian und die erste Vertikale festgelegt waren – ähnlich wie die babylonischen Priester bei ihren Werkzeugen zur Omendeutung erst eine Vierteilung und später weitere Unterteilungen vorgenommen haben.

Die Schwierigkeit, ein passendes Häusersystem zu finden, das sich an allen Orten anwenden lässt, sind das Vermächtnis der Entscheidung, den Tierkreis – und damit die Ekliptik – zum springenden Punkt für das Horoskop zu machen. Dieses untermauernde Prinzip wurde mit Nachdruck während der klassischen Periode entwickelt und ist heute so tief in unserer Kunst verankert, dass jede andere Perspektive als unannehmbar erscheint.[129] Nach wie vor deuten die Belege bis zu einem gewissen Grad darauf hin, dass die Häuser auf einer vollkommen anderen Grundlage entstanden sind als der Tierkreis, nämlich mit der Absicht, ein vollständigeres und zugleich individuelleres Abbild des Himmels zu veranschaulichen. Der Zweck des Tierkreises liegt darin, die sekundäre Bewegung eines Planeten aufzuzeichnen, während dieser in seiner oberen Umlaufbahn um die Erde kreist. Die Häuser dagegen zeichnen die tägliche Bewegung des Planeten am Himmel auf. Ihre Beziehung zum Beobachter ist insgesamt sehr viel persönlicher und direkter. Durch die Häuser wird die Wirkung eines Planeten im Tierkreis dahingehend spezialisiert, dass er seinen speziellen Einfluss auf jeden Ort im Horoskop ausüben kann. Um zu verstehen, warum Schwierigkeiten entstehen, wenn man die Ekliptik auf den örtlichen Himmelsraum anwendet, ist es notwendig, sich die Unterschiede zwischen den wahren Kardinalpunkten und denen, die

[129] Ernstzunehmende Forschung mit der Standortastrologie, welche auf Höhe und Azimut basiert, hat sich als geografische astrologische Methode als sehr effektiv erwiesen und ist eine moderne Variante der ursprünglichen Methoden in Mesopotamien. Für weitere Informationen verweise ich auf Michael Erlewine, *AstroPhysical Directions*. (Ann Arbor, MI, 1977), Martin Davis. *Astrolocality Astrology: A Guide to what it is and how to use it. (Bournemouth, 1999) und Steve Cozzi. Astrologie des Standortes* (Mössingen 1993).

durch den Aszendent und den Deszendent repräsentiert werden, zu verdeutlichen.

Schwierigkeiten bei der auf der Ekliptik beruhenden Teilung des Raumes

Wenn sich die Erde um ihre eigene Achse von Westen nach Osten bewegt, scheint es für uns an unserem scheinbar stillstehenden Standpunkt, dass die Sterne im Osten aufgehen, zum oberen Meridian kulminieren und im Westen wieder untergehen. Ein Beobachter in der nördlichen Hemisphäre kann die Planeten im Tierkreisgürtel am einfachsten beobachten, indem er nach Süden schaut – dann wird man die Sterne links im Osten aufgehen und rechts im Westen untergehen sehen: Dies ist auch die Perspektive, die in einem Horoskop abgebildet wird.

Da die Erde eine Kugel ist, wird ein Beobachter an jedem Ort immer im Zentrum seiner eigenen Himmelskugel stehen. In der Astrologie dagegen repräsentiert die Himmelsmitte (MC) nicht den Punkt, der senkrecht über uns steht (unseren örtlichen Zenit), sondern den Punkt, an dem der Meridian die Ekliptik schneidet. Je nördlicher die Breitengrade, umso näher am Horizont wird der Punkt für die Himmelsmitte sein, aber er wird immer der Teil des Zodiaks sein, der im Süden steht, und wird auf den Punkt verweisen, an dem die Planeten auf ihrem Bogen zwischen Aszendent und Deszendent ihren höchsten Stand erreichen. Bei MC und IC haben wir eine direkte Übereinstimmung zwischen den astrologischen Eckpunkten und den kardinalen Himmelsrichtungen Süd und Nord. Dies ist in der Regel beim Aszendenten im Osten und beim Deszendenten im Westen so nicht der Fall.[130]

---

[130] Diese Regel trifft auf alle Orte außerhalb der Wendekreise zu.

Aufgrund der Neigung zwischen dem Erdäquator und der Ekliptik befindet sich der Aszendent nur zu zwei Zeitpunkten des Tages direkt im Osten – nämlich wenn 0° Widder oder 0° Waage (die Schnittpunkte zwischen Ekliptik und Äquator) aufsteigen. Zu diesen Zeitpunkten steht die Himmelsmitte an allen Orten in einem exakten Winkel von 90° zum Aszendenten. Wenn aber andere Teile des Tierkreises aufsteigen, besteht eine Unstimmigkeit im Blick auf den wahren Ostpunkt. Der Aszendent ist am nördlichsten, wenn 0° Krebs aufsteigt, und am südlichsten, wenn 0° Steinbock aufsteigt. Als Folge davon bedeuten 90°, gemessen auf der Ekliptik, nicht notwendigerweise auch 90° im geometrischen Maß, und es ergibt sich ein verzerrter Winkel zwischen Aszendent und Himmelsmitte, der mit zunehmender Breite immer schwieriger zu bewältigen ist. In Alexandria im alten Ägypten oder im hellenistischen Griechenland, wo die Wiege der Astrologie stand, sind diese Unterschiede gering und verursachen kaum Probleme. Aber an Orten mit höheren Breitengraden können bestimmte Teile des Tierkreises überhaupt nicht aufsteigen. Von den Zeichen aber, die aufsteigen, verweilen manche mehrere Stunden am Aszendenten, während andere innerhalb von Minuten vorbeirauschen.

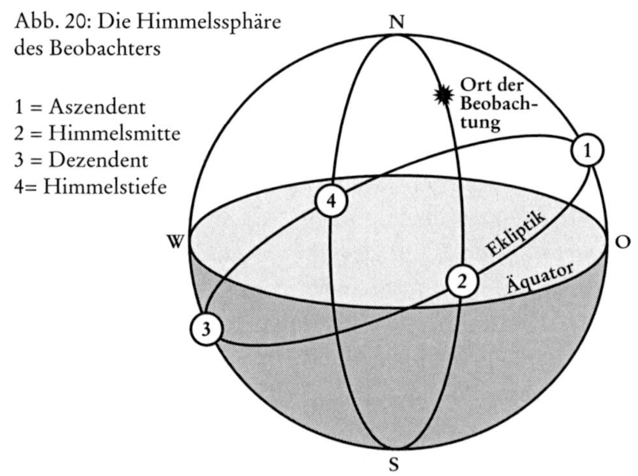

Abb. 20: Die Himmelssphäre des Beobachters

In der Arktis oder der Antarktis lässt sich dieses grundlegende Problem anhand der Mitternachtssonne demonstrieren, welche jede Einteilung eines Horoskops in eine Tag- und eine Nachthälfte verhindert. Zugegeben, dieses Beispiel ist extrem, aber am Nordpol kann 0° Widder am Aszendent aufsteigen und gleichzeitig am MC kulminieren (ein Problem, an dem die meisten Astrologieprogramme scheitern). In diesen geografischen Breiten können Häuser, können ekliptikbasierte Methoden eine Widerspiegelung des tatsächlichen Himmels anbieten, aber die verzerrten Häuser sind für die meisten Astrologen praktisch unbrauchbar.[131]

Die auf dem Raum beruhende Alternative

Angesichts dieser Probleme gab es Versuche, eine Häusermanier zu finden, deren Teilung nicht mit dem Aszendenten beginnt, sondern mit dem wahren Ostpunkt. Am bemerkenswertesten ist das System von **Morinus**, welches am Schnittpunkt von Äquator, Meridian und Horizont im Osten beginnt und von da ausgehend den Äquator in zwölf gleiche Abschnitte einteilt, wobei die Häuserspitzen an die Stellen gesetzt werden, an denen die Rektaszenzinon die Schnittpunkte auf die Ekliptik projiziert.

Als Folge davon steht die Himmelsmitte immer im Winkel von 90° zur Spitze des 1. Hauses, der Grad des Aszendenten ist allerdings nicht an die Spitze des 1. Hauses gebunden, sondern kann auch in andere Häuser fallen. Diese Häusermethode wurde von

[131] Für weitergehende Literatur zum Problem der Horoskopie in Polarregionen verweise ich auf Michael Wackfords Artikel „Placido and the Semi-Arc method of House Division", online auf www.skyscript.co.uk/placido.html (Zugriff 21.2.1006), sowie seine Artikelserie in der Zeitschrift *Correlation* Ausgabe 19-23, 2001-2005 und das Buch von Ralph William Holden. *Astrologische Häusersysteme – Entstehung, Berechnung, Bewertung.* Tübingen 2006.

Jean-Baptiste Morin im 17. Jahrhundert gefunden, weil er nach einer Lösung für Horoskope auf hohen Breitengraden suchte. Aber wie bei allen, die versucht haben, den Aszendenten vom 1. Haus abzukoppeln, hat auch diese Häusermanier nie fachöffentlichen Anklang gefunden. Der ganz offensichtliche Grund ist darin zu suchen, dass AC und DC eine ganz eigenständige astrologische Bedeutung angenommen haben, die ihnen eine ganz natürliche Anbindung an das 1. und das 7. Haus verleiht. Der Vorgang des Aufstiegs oder des Untergangs hat eine wichtige Rolle gespielt bei der Bestimmung der Bedeutung dieser Häuser. Dasselbe trifft auch für die Assoziation mit Ost und West zu.

Es scheint so, dass es einfach nicht möglich ist, ein Häusersystem zu rekonstruieren, das mit der Perspektive von Manilius korrespondiert und dennoch vollkommen mit der ekliptik-basierten Messung in Einklang zu bringen ist. Es wurde auch vorgeschlagen, dass das System des Manilius in Wirklichkeit ein idealisiertes Gerüst des Himmels sei, das auf der ersten Vertikale aufbaut, die man vermutlich als identisch mit dem Aszendent annahm. Die Tatsache, dass dies in seinem geographischen Kulturraum nicht immer der Fall war, wurde vermutlich übersehen oder großzügig ignoriert, da die platonische Philosophie dem geistigen Ideal gegenüber der materiellen Wirklichkeit den Vorrang einräumt. Als Astrologen nehmen wir eine ähnliche Haltung ein, wenn wir schlussfolgern, dass der Aszendent von einem philosophischen Standpunkt aus gesehen symbolisch für den Osten steht und deswegen astrologisch von Bedeutung ist.

Aus diesem Blickwinkel kommt das **Campanus**-System der Methode des Manilius am nächsten, denn dieses weist in jedem Fall die direkte Unterteilung der Ekliptik zurück und bevorzugt die erste Vertikale. Die erste Vertikale ist jener Großkreis, der den Ostpunkt und den Westpunkt des Horizonts schneidet und durch den Zenit und den Nadir im rechten Winkel zum Meridian des Beobachters geht. Diese wird in zwölf gleiche Abschnitte eingeteilt, wobei die korrespondierenden Schnittpunkte mit der Ekliptik als Hausspitzen genommen werden. Zwar wird diese Häusermanier Johannes Campanus, einem bekannten Mathematiker des 13. Jahrhunderts zugeschrieben, es wurde aber auch schon im 11. Jahrhundert von Al Biruni unter dem Namen „System des Hermes" verwendet, was einen noch weiter zurückliegenden, unbekannten Ursprung vermuten lässt.

Zugunsten des Systems von Campanus spricht, dass es ohne weiteres eine dreidimensionalen Sicht des Raumes gewährt, indem es den Nachdruck auf die Position der Planeten im Verhältnis zum Horizont und zum Meridian des Geburtsortes legt – hieraus ergibt sich eine subtile Verschiebung der Perspektive, da die Häuser nicht nur einfach auf die Ekliptik projiziert werden, vielmehr wird der Tierkreis durch die Häuser gesehen, so wie diese in der örtlichen Sphäre festgelegt worden sind. Gegen das Campanus-System spricht, dass durch die Herabsetzung der Rolle der Ekliptik die symbolische Verbindung zur Bahn der Sonne um die Erde geschwächt wird. Manche halten dies für den grundlegenden Ursprung der Häuserbedeutungen. Ein Nachteil praktischer Natur liegt darin, dass das Campanus-System in extremen Breitengraden zu verzerrten Hauptachsen führt.

Gerade dieses Problem ist der Hauptgrund, warum Campanus nie ein wirklicher Bewerber für das universelle Häusersystem werden konnte, sondern immer nur gern von denjenigen gewählt wurde, die die meisten ansonsten favorisierten Methoden abgelehnt haben. Vor allem Dane Rudhyar wandte sich Campanus zu. Er hielt das System für eine ideale Methode der personenzentrierten Astrologie, „in deren Zentrum das einzelne Individuum steht."[132]

Rudhyar schlug auch vor, dass eine zukünftige Weiterentwicklung der Häuser die Campanus-Methode als Basis für eine dreidimensionale „Geburtssphäre" verwenden könnte, bei der die Auswirkungen der planetaren Breite vollkommen anerkannt werden konnten:

„Zu diesem Zeitpunkt ist natürlich eine dreidimensionale Astrologie, die statt Geburtstabellen „Geburtssphären" verwendet,

[132] Dane Rudhyar. *Das astrologische Häusersystem*, München 1993, S. 33.

nicht praktisch anwendbar, trotzdem glaube ich, dass dies die Astrologie einer mehr oder weniger fernen Zukunft sein wird.[133]

Allerdings würde dies auch eine andere Präsentation der Informationen erfordern, als unsere zweidimensionalen Horoskope leisten können, die nur Messungen auf der Ekliptik abbilden.

Die Verfechter der dreidimensionalen Perspektive argumentieren, dass sich die Festlegung der Hauspositionen durch die Tierkreisgrade oft als unpräzise erweist, denn es wird angenommen, das die Häuserspitzen die Ekliptik in einer geraden Linie schneiden,

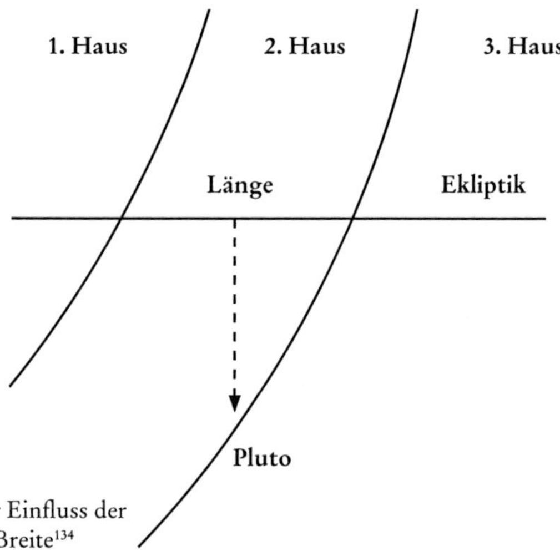

Abb. 21: Der Einfluss der ekliptikalen Breite[134]

Abbildung 21 zeigt, dass Pluto, falls man nur den Tierkreisgrad berücksichtigt, in der Mitte des 2. Hauses zu stehen scheint. Kalkuliert man dagegen auch die ekliptikale Breite mit ein, dann steht er bereits an der Spitze des 3. Hauses.[134] Wer ein Häusersystem will, das die Einteilung des lokalen Raumes zu rekonstruieren versucht, wird dies als größere Schwierigkeit betrachten müssen. Dagegen argumentieren die Vertreter der auf der Ekliptik basierenden Systeme, dass die astrologische Bedeutung der Häuser und ihrer Spitzen nur an die Grade gebunden ist, an denen die Häuserspitze die Ekliptik schneidet, so dass die Breite in dieser Sache nicht relevant ist.

---

[133] Ebenda, S. 35.

[134] Abbildung aus Maurice McCann. „The Problem of Domification – Part 2", in: *AA Journal, Vol. 38, November/December 1996*, S. 379.

während die Linien in Wirklichkeit Kurven bilden. Sie werden von Großkreisen gebildet, die durch die Erde hindurchlaufen und sich an den Polen begegnen. Diese Krümmung ergibt einen Winkel, der sich mehrere Grade über die Ekliptik schiebt wenn man die Breite in Betracht zieht. Maurice McCann hat am Horoskop von William Butler Yeats, dessen Pluto auf 15° südlicher Breite liegt, demonstriert, wie sich diese Verzerrung äußert.

Ein weiteres Häusersystem, welches oft mit Campanus verglichen wird und von dem vielfach behauptet wird, dass es sich daraus entwickelt habe, ist die Manier nach Regiomontanus, welcher auch nicht auf der Ekliptik als hauptsächlichem Bezugsrahmen aufbaut, sondern auf einem anderen Großkreis. **Regiomontanus** basiert auf einer gleichmäßigen Unterteilung des Äquators (anstelle der ersten Vertikale). Es ist die gleiche Methode, die auch von Morin vorgeschlagen wurde. Regiomontanus unterwirft sich aber der Tradition, indem er beim Aszendenten beginnt. Obwohl diese Manier erst nach Campanus an Popularität gewann, ist sie auch schon im 11. Jahrhundert belegt[135] und wahrscheinlich aufgrund ganz eigenständiger Prinzipien entwickelt wurde. Indem das System den Schwerpunkt auf den Äquator legt, behaupten seine Verfechter, dass es der täglichen Rotation der Erde eine größere Beachtung schenke, als wenn der Lauf der Erde um die Sonne auf der Ekliptik gemessen wird. Es hat auch den Vorteil, dass es in polaren Regionen weniger anfällig ist für Verzerrungen als die Manier von Campanus.

Das System wurde nach dem im 15 Jahrhundert in Königsberg lebenden Mathematiker Johann Müller benannt, der seine Verwendung popularisierte, als sich die Drucktechniken rapide entwickelten und dadurch Informationen leichter zugänglich wurden. Nachdem Tabellen lieferbar wurden, wurde es für einige Jahrhunderte zur gängigsten Methode in Europa und wurde von

[135] Es wird in einem Manuskript von Abenmoat de Jaen beschrieben, das sich angeblich im Besitz von Regiomontanus befand, siehe J. D. North. *Horoscopes and History*. London 1986, S. 35 ff.

vielen prominenten Astrologen wie William Lilly angewendet. Das Regiomontanus-Häusersystem ist bis zum heutigen Tage populär und kommt vor allem bei Stundenastrologen oder Vertretern der klassischen Astrologie zum Einsatz.

Projizierte Häuserteilungen: Zeitsysteme

Die Regiomontanus-Häuser verloren im 19. Jahrhundert zusehends an Beliebtheit, nachdem die Häusertabellen nach **Placidus** leichter zugänglich wurden. Dieses Häusersystem ist nach dem italienischen Benediktinermönch Placidus de Titis (1603 – 1668) benannt, aber auch in diesem Fall wird angenommen, dass er es nicht erfunden, sondern nur verbreitet hat. Es gab schon im Jahr 1604 entsprechende Häusertabellen, ein Jahr nach seiner Geburt, und das System taucht schon 1305 an einem Astrolabium auf[136]. Der im 12. Jahrhundert lebende hebräische Astrologe Abraham Ibn Ezra schrieb es Ptolemäus zu, und Placidus scheint diese Ansicht auch zu unterstützen, denn in seinem Werk bemerkt er respektvoll: „Ich begehre keinen Wegweiser außer Ptolemäus und die Vernunft.“[137]

Die Placidus-Häuser sind ein auf der Zeit basierendes System insofern, als jede Häuserspitze die Position markiert, auf die der Grad des Aszendenten sich in der nachfolgenden „Planetenstunde“ bewegen würde. Die Spitze des 12. Hauses entspricht demnach dem Grad des Aszendenten zwei Stunden nach der Erstellung des Horoskops; die Spitze des 11. Hauses markiert die Aszendent-Position nach vier Stunden; die Himmelsmitte nach sechs Stunden. „Planetenstunden“ sind nicht dieselben gleichmäßigen Einheiten von 60 Minuten, die wir von unserer Uhr kennen. Sie variieren vielmehr je nach Jahreszeit und es wird jeweils der Zeitraum zwischen Sonnenaufgang und Sonnenuntergang in zwölf gleiche Teile

---

[136] Mike Wackford, "Placido & Semi-Arc Method of House Division", in: *Traditional Astrologer, Issue 7*, 1994, S. 26.

[137] Placidio de Titis. *Primum Mobile*. London 1814, S. 47.

geteilt (siehe Anhang B). Somit wandert der Grad des Aszendenten durch die Taghälfte zur Himmelsmitte, ist dabei aber im Sommer viel langsamer als im Winter. Entsprechend bewegt sich der Grad des Deszendenten durch die Nachthälfte.

Die perfekte Harmonie zwischen den Häuserspitzen bei Placidus und der traditionellen Verwendung der Planetenstunden spricht für die Behauptung, dass dies die ursprüngliche Form der Häuserteilung sein könnte. Angeblich sollen die alten Astrologen alle zwei Stunden den Himmel beobachtet haben , die Konstellationen und ihre Sterne aufgezeichnet haben, die am Aszendenten aufstiegen sind. Jane Ridder-Patrick weist in ihrem Buch Praktische Astro-Medizin auf ein bequemes Verfahren hin. Da die Planetenstunden der Taghälfte mit dem Aufgang der Sonne am Aszendenten starten, kann man diese auch mittels der Sonnenposition in den Häusern feststellen. Im Uhrzeigersinn weitergehend entspricht das 12. Haus den ersten beiden Planetenstunden, das 11. Haus entspricht der dritten und vierten Stunde usw. – die Grenzlinie zwischen den Planetenstunden befindet sich exakt in der Mitte des jeweilige Hauses.[138]

Es bestehen kaum Zweifel, dass die mit den Häusern verbundene Symbolik stark von deren Verwendung als „Zeit-Zeichen“ beeinflusst wurden, in denen man die Bewegung der Planeten (entlang des Tagesbogens) durch den Himmel erkennt. Da ihre Einteilung dem Tagesbogen folgt, eignet sich das Placidus-System auch als jenes „natürlichste“ Primärdirektion-System, das Ptolemäus beschrieben hat. Deswegen behaupten die Befürworter von Placidus, dass Ptolemäus diesen Ansatz auch bevorzugt hätte. Wir müssen an dieser Stelle ein Gutteil Spekulation unterstellen, denn es gibt keinen schlüssigen Beleg in den Schriften von Ptolemäus, wo er dem ausdrücklich beipflichten würde. Placidus ist und bleibt aber das populärste Häusersystem. Oft wird behauptet, dies hänge damit zusammen, dass es durch Raphaels Häusertabellen leicht zugänglich geworden war. Dies spielt allerdings den Wert der grundlegenden Philosophie dieser Manier deutlich herunter.

---

[138] Jane Ridder-Patrick. *Praktische Astro-Medizin*, Wettswil 1992, S. 120 f.

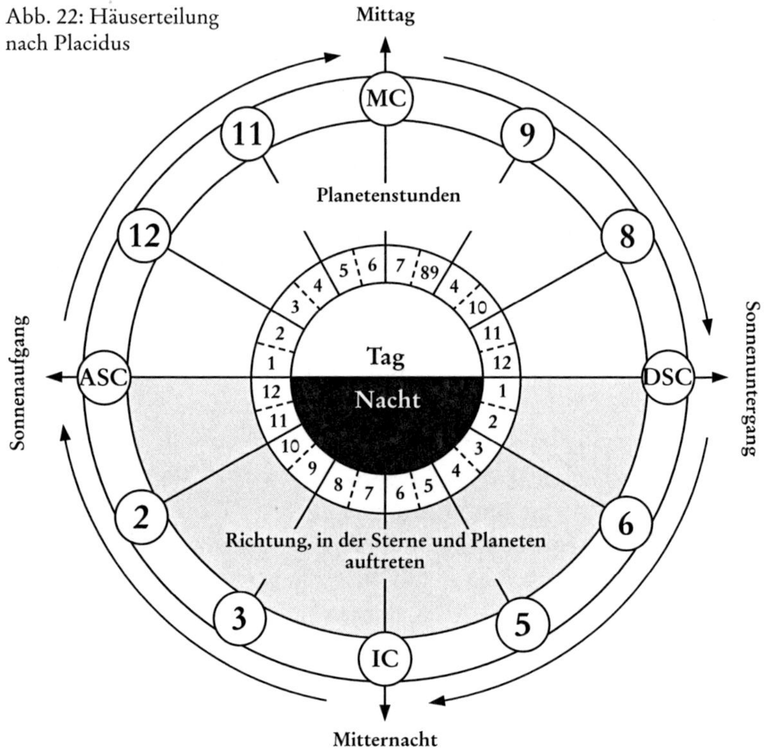

Abb. 22: Häuserteilung nach Placidus

Obwohl die Häusermanier nach Placidus von der Idee her einfach ist, ist die mathematische Trigonometrie dahinter sehr komplex, da man bei der Festlegung der Positionen der Spitzen den Breiteneffekt mit in Rechnung ziehen muss und diese durch Berechnungen, die auf den Stundenkreisen basieren, berichtigt werden. **Alcabitius** und **Koch** arbeiten auf ähnlichen Zeit-basierten Projektionen. Die Kardinalpunkte werden mit dem Aszendenten und dem MC zusammengelegt. Zu den Zwischenhäusern gelangt man, indem die Zeit drittelt, die der Grad des Aszendenten benötigt, um bis zur Himmelsmitte zu laufen. Die fundamentalen Unterschiede liegen in der Art und Weise, wie diese Projektion zur Ekliptik in Bezug gesetzt werden: unter Verwendung von Stundenkreisen, vertikalen Kreisen oder Projektionen des Aszendenten. Die Alcabitius-Methode, die Vertikalkreise verwendet, wurde nach dem im 12. Jahrhundert lebenden gleichnamigen arabischen Astrologen benannt, aber es ist unklar, ob dieses Häusersystem vor der Placidus-Methode bekannt wurde oder erst danach. Die Namensgeber der Häusersysteme müssen nicht zwangsläufig auch deren Erfinder sein.

Die „Koch-Häuser“ sind eine moderne Entwicklung, die in den 60er Jahren von Dr. Walter Koch bekannt gemacht wurden. 1971 kamen die zugehörigen Häusertabellen auf den Markt und wurden zumal in Europa verbreitet, bei uns vor allem in der Huber-Schule. Koch nimmt eine Projektion des Aszendenten, um die Zwischenhäuser zu berechnen. Seine Anhänger argumentieren, dass dies das einzige System sei, in dem der Aszendent als erstes Verbindungsglied zwischen der Ekliptik und dem Geburtsort bei der Berechnung jeder Häuserspitze zu vollem Einsatz komme.

In der Theorie gibt es stichhaltige philosophische Argumente, nach denen jedes Häusersystem als das angemessenste verstanden werden kann. In der Praxis ist es aber so: Sobald wir die Frage hinter uns lassen, ob wir eher die Zeit oder eher der Raum bei der Häuserteilung betonen wollen, werden die meisten es überzeugender finden, die Tauglichkeit eines Häusersystem zu beweisen, als zu belegen, dass ein anderes Häusersystem nicht funktioniert.

Mach‘ es möglichst einfach!

In seinem Artikel An Astrological House Formulary[139] gibt Michael Munkasey Schritt für Schritt Anleitungen zu den Rechenoperationen für die verschiedenen Häuserteilungen. Dies ist ein ausgezeichneter Leitfaden, anhand dessen jeder in der Lage sein sollte,

[139] NCGR Website – Zugriff 24.11.2001.

die Häuserspitzen manuell zu berechnen. Ein schneller Blick auf diesen Artikel wird aber vermutlich die meisten Astrologen davon überzeugen, dass sie dies überhaupt nicht wollen! Die meisten werden dies für das Tagesgeschäft für zu aufwendig und kompliziert halten. Dies führt uns zu den einfacheren Häusermethoden. Diese können den praktizierenden Astrologen wenigstens das Gefühl geben, dass sie ihre Berechnungen unter Kontrolle haben und Vertrauen in das jeweilige System und seine zugehörige Symbolik entwickeln können.

Die meisten anderen populären Häusersysteme arbeiten auf folgender Grundlage: Wenn sich die Planetenaktivität auf die Bahn der Sonne konzentriert, dann liefert die Ekliptik auch den idealen Mittelpunkt zur Aufteilung des Horoskops in „Aktivitätsfelder". Die einfachsten Methoden wie die **äquale Häuser** oder **die Ganzzeichenhäuser** setzen lediglich die Kenntnis des Aszendenten oder des aufsteigenden Zeichens voraus, und die gleichmäßige Untergliederung des Tierkreises macht komplizierten Berechnungen unnötig.[140]

Bis vor kurzem hielt man diese Methode für etwas naiv - ideal nur für Anfänger. Dahinter steht die unausgesprochene Annahme, dass Astrologen mit einem ausgereifteren Verständnis für Trigonometrie zu einer komplexeren Methode greifen würden. Jedoch führten die neueren Erforschungen der klassischen Astrologie auch wissenschaftlich auf ein neues Interesse an diesen einfachen Techniken. Unabhängig von der ursprünglichen Theorie hinter der Häuserteilung tendieren die klassischen Astrologen in der Praxis dazu, die Häuser an die Zeichen zu binden und stehen damit ganz offensichtlich in Konkurrenz zu Pelletier, der zu Verteidigung der äqualen Häuser schrieb: „Es erscheint mir überflüssig, astronomische oder mathematische Präzision für den

[140] Die äquale Methode nimmt die Gradzahl des Aszendenten als Spitze für alle nachfolgenden Häuserspitzen an. Steht der Aszendent auf 10° Krebs, dann beginnt das 2. Haus auf 10° Löwe, das 3. Haus auf 10° Jungfrau usw. Bei der Ganzzeichenmethode würde man das komplette Zeichen Krebs als 1. Haus annehmen, Löwe wäre das 2. Haus usw.

Bezugsrahmen der Häuser einzufordern, sind diese doch nur rein symbolisch.“[141]

Hier wird das **Porphyrius**-System oft als der ideale Kompromiss angesehen. Es hält den Bezug zu den Eckpunkten des Horoskops, dem Aszendent und der Himmelsmitte aufrecht, es bietet aber gleichzeitig eine einfache Technik, da lediglich eine Dreiteilung des Raumes zwischen den Eckpunkten erforderlich ist, um die Zwischenhäuser zu erhalten. Es herrscht aber einige Verwirrung darüber, wie die Häuser in alter Zeit verwendet wurden, gerade zu der Zeit, als Quadrantensysteme wie Porphyrius oder Placidus eingeführt wurden. Manches, was man früher für eine gute Demonstration der äqualen Häuser hielt, scheint heute viel eher zu den Porphyrius- oder den Ganzzeichenhäusern zu passen. Damit erheben sich Zweifel, ob die äqualen Häuser überhaupt eine theoretische Fundierung in der klassischen Astrologie hatten.

Porphyrius Malchus war ein syrischer Astrologe im 3. Jahrhundert nach Christus, der in Rom und Athen arbeitete. Auch in seinem Fall ist es eher zweifelhaft, ob er persönlich dieses System entwickelt hat, das seinen Namen trägt. Es wird schon im frühen 2. Jahrhundert in eine Text von Antiochus beschrieben, von dem man annimmt, dass er kurz nach Ptolemäus gelebt hat.[142] Porphyrios hat ausgiebig Auszüge bei Antiochus exzerpiert, und die Passage, in der Antiochus dieses System beschreibt, sind fast wortwörtlich in einem Kommentar des Porphyrios zum Tetrabiblos des Ptolemäus wiederzufinden.[143]

Es ist nicht verwunderlich, dass Ptolemäus in so viele verschiedene Richtungen gezerrt wird, um das jeweils favorisierte Häusersystem zu unterstützen. Der technische Genius des Ptolemäus hebt ihn heraus denn er befindet sich auf einem Niveau für das Verständnis komplexer astronomischer Zusammenhänge, das viele zu gern erreichen möchten. Seine Stellung wird im Hinblick auf

---

[141] Robert Pelletier. *Planets in Houses*. Maine, 1978. S. 13f.

[142] Antiochus. *The Thesaurus*. Project Hindsight, Greek Track. Berkeley Springs 1993, S. 32 f.

[143] Ebenda, Fußnote 2, S. 33.

die wahre Intention für viele Themen der klassischen Astrologie kritisch eingeschätzt, deswegen ist es auch einen Versuch wert, seinen Gebrauch der Häuser im Detail zu betrachten, vor allem für diejenigen, die davon überzeugt sind, dass die Rückkehr zu den einfachen Ganzzeichenhäusern ein Zurück zu den originalen und wahren Häusern sei.

„Starke Orte“ bei Ptolemäus und die Erweiterung des Einflusses der Häuser

Auch werde ich das jeweilige Haus des Himmels, aus welchem die Ereignisse des menschlichen Lebens herrührend betrachtet werden müssen, als Ziel setzen, auf welches die ursprünglichen Eigenschaften, je nach ihrer Ähnlichkeit ursächlich bezogen werden.

Claudius Ptolemäus[144]

Es lohnt sich, die Häuser in der Antike zu untersuchen, denn wir sollten im Kopf behalten, dass die klassische Astrologie eine eigene Perspektive und Methodologie erforderte. Ptolemäus legte eine ganz besondere Aversion gegen Techniken an den Tag, die mit symbolischen Mystizismen behaftet waren. Wo sie verwendet werden, versucht er deren Stärke durch einen eher „logischen“ Zugang zu erklären, so wie er zum Beispiel eine Verbindung zwischen den Aspekten und den planetaren Humores herstellt. Während der Dichter Manilius, sich bemühte, die Wunder und Mysterien des Himmels in majestätischen poetischen Versen zum Ausdruck zu bringen, versuchte Ptolemäus, der Wissenschaftler, die Astrologie rational zu erklären und deren Grundprinzipien hervorzuheben, indem er jedes Fünkchen, das auf älterem Mystizismus basierte, wegzuwischen versuchte.

---

[144] Claudius Ptolemäus, *Tetrabiblos*. S. 138

Ich möchte darüber mich nur kurz auslassen, und nur die nackten Wirkungen feststellen, und alles übergehen, was nicht eine bewährte natürliche Grundlage hat, und von vielen ausgefallenerweise auf das sorgfältigste untersucht wird, und ebensowenig die Untersuchungen heranziehen, die wiederum nur Teile von Wichtigerem und für sich allein ohne Sinn sind. Sondern ich werde alle diejenigen anführen, deren Zuverlässigkeit durch die Gestirnstellungen und die Eigenart der himmlischen Orte erwiesen ist, und das sind die allgemeinen Regeln. Denn diese müssen stets sofort herangezogen werden, wenn jemand über die speziellen etwas lehren will.[145]

Dass aber die Bedeutung der Aspekte auch auf mystischen numerologischen Prinzipien basierte, scheint Ptolemäus entgangen zu sein.

Die „speziellen Orte“ sind die Tierkreiszeichen oder die Eckpunkte des Horoskops, die die natürliche Disposition des Planeten verstärken. So hat die Sonne beispielsweise eine natürliche Affinität zu den Zeichen, die heiß und trocken sind, bzw. zu den Bereichen des Horoskops, die tagbetont oder männlich sind. Da die Sonne im Osten aufgeht, fügt sie diesem Kardinalpunkt die Qualität maskulin, trocken, solar und tagbetont hinzu. Im Gegensatz dazu ist der Westen weiblich, feucht, lunar und nachtbetont.

Darum, weil der Mond nach seiner Konjunktion stets zuerst im Westen sich wieder sichtbar zeigt.[146]

Die Ausrichtung der Planeten auf Bereiche, zu denen sie eine natürliche Affinität haben, war der Angelpunkt, um den die ptolemäische Astrologie kreiste. Ptolemäus legte damit fest, dass es nicht von den Häusern abhängig ist wie bei den von Manilius bezeugten planetaren „Freuden“, ob ein Planet an einem vertrauten Ort steht. Ptolemäus setzte vielmehr auf die Verbindung mit

---

[145] Claudius Ptolemäus, *Tetrabiblos*. S. 143.

[146] Claudius Ptolemäus, *Tetrabiblos*. S. 79 f.

anderen Planeten, Orten und Sternen, die gemeinsame humorale Qualitäten wie Hitze, Kälte, Trockenheit oder Feuchtigkeit miteinander teilten.

Zwar werden die Häuser im *Tetrabiblos* nicht völlig ignoriert, aber es gibt so wenige Hinweise auf sie, dass man annehmen kann, dass Ptolemäus sie bewusst gemieden hat. Ptolemäus legt die Grundregeln der Astrologie dar, erklärt die Kraft und die Wesensart der Planeten, Aspekte, Fixsterne, Tierkreiszeichen, Zeichenherrschaften, Triplizitäten, Erhöhungen, Grenzen und Gesichter. Obwohl er einige Erklärungen zu den Kardinalpunkten in Bezug auf die entsprechenden Jahreszeiten anführt, unterlässt er es in dieser grundlegenden Einführung, einen einzigen Hinweis auf die Häuser zu geben. Er legt dagegen starken Nachdruck auf die Beziehungen zum Horizont und zur Himmelsmitte, sowie auf die Entsprechungen zwischen Kardinalpunkten und Himmelsrichtungen. Osten, Süden, Westen und Norden werden als trocken, heiß, feucht und kalt charakterisiert. Er berichtet, dass der Osten Jugend bedeutet, die Himmelsmitte das mittlere Alter, der Westen das Alter und die Verstorbenen.[147] Ptolemäus erläutert die philosophischen Grundlagen für diese Assoziationen in keiner Weise, aber ob er davon Kenntnis hatte oder nicht, er wiederholt eindeutig die antike Sonnenmystik, welche die Bedeutung der Kardinalpunkte an eine symbolische Würdigung der scheinbaren Sonnenbahn um die Erde knüpft.[148] Diese inhärente Symbolik durchzieht das ganze Werk und kann demonstriert werden anhand des Nachdrucks, den er auf die Unterscheidung zwischen östlich und westlich richtet:

> *Denn die Kräfte der Planeten wachsen, wenn diese östlich stehen oder rechtläufig sind. Dann besitzen sie größere Kraft als bei westlicher Stellung und retrogradem Laufe; in letzterem Falle haben sie eine schwache, träge Wirkung. Endlich auch noch aus ihrer Stellung zum Horizont [d.h. 1. Haus]. Denn im Medium*

---

[147] Claudius Ptolemäus, *Tetrabiblos*. S. 106

[148] Claudius Ptolemäus, *Tetrabiblos*. S. 44 f.

Coeli oder in einem nachfolgenden Hause sind sie wirksamer. Danach ist ihre Kraft eine große, wenn sie am Horizont oder in dem ihm folgenden Hause steht.[149]

Ptolemäus' Sicht auf die Orte, die keinen Aspekte mit dem Horizont bilden, ist in Übereinstimmung mit dem allgemeinen Verständnis des 8. Hauses, des 2. Hauses, des 12. Hauses und des 6. Hauses und der ihnen zugeschriebene Schwäche und Kraftlosigkeit. Aber wo ein prognostizierender Astrologe den Nachdruck auf die Symbolik legt, um den Zustand der Schwäche zu beschreiben, ist dies bei Ptolemäus nicht der Fall. Stattdessen entsteht der Eindruck, dass wir diese Bereiche bei unseren Forschungen ignorieren sollen, um uns ganz den starken Orten zu widmen.

Die Himmelsmitte gilt als der stärkste Eckpunkt, und viele Lebensbereiche, die wir anderen Häusern zuordnen würden, werden von Ptolemäus anhand des kulminierenden Grades und des ihm nachfolgenden Ortes bewertet. Damit ist das 10. Haus gemeint, jener Bereich, der bei der täglichen Bewegung am Grad der Himmelsmitte aufgeht. Dieses Feld ist repräsentativ für alle unsere nach außen gerichteten Unternehmungen und Fähigkeiten. Unsere Aktivitäten, Freundschaften, Kinder, sowie alles, womit wir unsere Reputation verbessern. An zweitwichtigster Stelle kommt der Osthorizont, anhand dessen man die Statur, das Temperament, den Intellekt und die ersten Lebensjahre beurteilt. Im Hinblick auf die Verwendung der Eckhäuser befindet sich Ptolemäus in Übereinstimmung mit der späteren Tradition, indem er deren Stärke und Geschwindigkeit heraushebt und das Fehlen dieser Qualitäten mit Schwäche gleichsetzt.

Des ferneren besitzen sie [die Planeten] größere Kraft bezüglich ihrer Stellung in der Nativität, wenn sie in Eckpunkten sich aufhalten, als wenn sie in nachfolgenden Häusern sich befinden. Denn die stärksten und wichtigsten Orte sind der Aszendent und

---

[149] Claudius Ptolemäus, *Tetrabiblos.* S. 74 f.

das Medium Coeli. Schwächer jedoch sind sie (...) ihrer Stellung in der Nativität nach, wenn sie in die fallenden Häuser eingetreten sind. Ferner ist, um die Zeit der Ereignisse festzustellen, notwendig darauf zu sehen, ob sie morgendlich oder abendlich zur Sonne oder zum Aszendenten stehen. (...) Und ob die Planeten in den Eckpunkten sich befinden oder durch die nachfolgenden Häuser gehen, denn sind sie morgendlich, oder stehen sie in Eckhäusern, so werden die von ihnen angezeigten Ereignisse früh eintreffen; abendlich aber oder in nachfolgenden Häusern haben sie langsame und späte Auswirkung.[150]

Es ist wichtig, sich klarzumachen, dass sich Ptolemäus, wenn er von Planeten oder Zeichen spricht, die den Eckpunkten „nachfolgen", nicht auf die sonst üblichen nachfolgenden Häuser bezieht. Er bezieht sich vielmehr auf jene Planeten und Zeichen, die zwar in einem Eckhaus, aber noch nicht an der Achse selbst stehen, sondern aufgrund der Tagesbewegung noch dorthin kommen werden. Je weiter sie vom Eckpunkt entfernt sind, umso schwächer ist ihre Wirkung. Ptolemäus räumt ferner ein, dass die fallenden Häuser fremde Orte oder fremdartige Umstände repräsentieren, wie man an seinem Kommentar bezüglich des sich von einem Eckpunkte entfernenden Mondes sehen kann: *„Denn am westlichen Horizont oder in fallenden Häusern stehend, zeigt er Reise und Ortswechsel an."*[151]

Das ganze Ausmaß, in dem Ptolemäus auf den Einbezug der Häuser verzichtet, wird vor allem in Buch III und Buch IV ersichtlich, wo er die Techniken zur Beurteilung der Nativität darlegt. Heirat wird bei ihm nicht im 7. Haus ermittelt, sondern anhand der Stellung der Sonne (für eine Frau) und der Stellung des Mondes (für einen Mann). Fragen des materiellen Wohlstandes beantwortet er nicht mittels des 2. Hauses, sondern mit dem Glückspunkt. Freundschaften folgert er nicht aus dem 11. Haus, sondern beurteilt diese mit

---

[150] Claudius Ptolemäus, *Tetrabiblos*. S. 144 f.

[151] Claudius Ptolemäus, *Tetrabiblos*. S. 256 f.

dem Zustand von Sonne, Mond, Glückspunkt und des aufsteigenden Zeichens. Wenn er sich mit den Eltern oder dem väterlichen Erbteil beschäftigt, zieht nicht das 4. Haus mit in Erwägung, sondern die Stellung von Sonne oder Saturn für den Vater, und Mond oder Venus für die Mutter. Es gibt auch einige Belege, die darauf hindeuten, dass Ptolemäus durchaus auch die spätere Tradition unterstützt. In einem Fall verweist er auf das 12. Haus als „das Haus des bösen Dämons", wenn es um Sklaverei geht, weil es ein „schädlicher" Ort ist, die sich vom Horizont wegbewegt. Im Falle von Krankheit verweist er auf die Notwendigkeit, das 6. Haus zu beachten:

> *Zu vörderst jedoch betrachten wir den Deszendenten und das ihm vorangehende 6. Haus, das mit dem Aszendenten in keinem direkten Aspekt steht, und beachten, wie die Übeltäter diese Häuser aspektieren.*[152]

Seine Argumentation ist, dass der Deszendent die Vitalität zerstört und der dem Deszendenten vorangehende Bereich diesen Einfluss teilt, weil er seine Position durch die Tagesbewegung verschlechtert und weil kein Aspekt mit dem Aszendenten vorliegt. Am deutlichsten ist aber ein Hinweis auf den Einfluss des Imum Coeli, das er im Zusammenhang mit der abendlichen Station beschreibt:

> *Bei abendlicher Stellung in der Nähe des Meridians [also des IC] und besonders beim Untergange von Venus und Merkur, zuweilen auch bei ihrer abendlichen, nächtlichen oder morgendlichen Stellung verleihen sie Ingeniosität und Klugheit, doch Gedächtnisschwäche, Arbeitsunlust, aber ein stetes Suchen nach Geheimnisvollem, wie Mysterien, Alchemie, geheimnisvollen Apparaten, Astrologie, Taschenspielerei, ebenso Philosophie, Wahrsagerei, Traumdeutung und ähnlichem.*[153]

---

[152] Claudius Ptolemäus, *Tetrabiblos*. S. 189.
[153] Claudius Ptolemäus, *Tetrabiblos*. S. 199 f.

Wenn auch Ptolemäus nicht einmal den Versuch unternimmt, zu erklären, warum dies so sein soll, so deutet sein Hinweis auf das „Geheimnisvolle“ darauf hin, dass er auf ein damaliges Verständnis des 4. Haus zurückgreift, woraus man folgern kann, dass er mehr über die Häuser und deren Verwendung wusste, als er uns zukommen lassen will.

Es ist eindeutig, dass Ptolemäus die Häuser für unwichtig hielt, dennoch hat die Frage, auf welche Methode der Häuserkonstruktion er sich überhaupt bezieht, eine große Debatte ausgelöst. Seine dauernde überschneidende Verwendung der Worte „Ort“ oder Zeichen“ und die Art und Weise, wie er sich auf die Himmelsmitte als das „kulminierende Zeichen“ bezieht, ließ die Vermutung aufkommen, er meine, dass man die „Orte“ durch die Tierkreiszeichen definieren sollte., Das würde das Argument für die Ganzzeichenhäuser unterstützen.

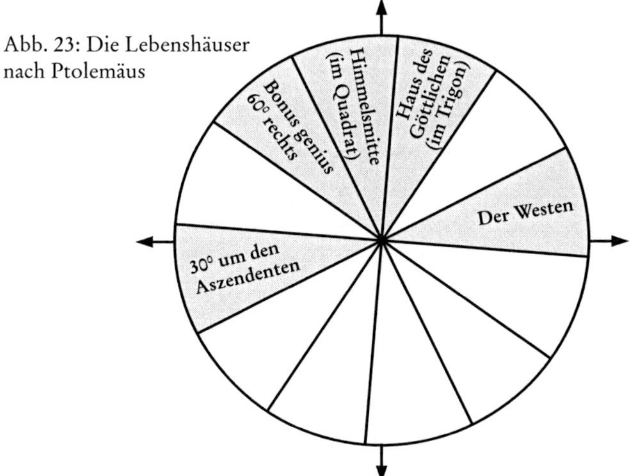

Abb. 23: Die Lebenshäuser nach Ptolemäus

Allerdings gibt es noch eine äußerst wichtige Stelle, wo der Ptolemäus eine Definition der Häuser gibt. Diese findet sich bei seiner Beschreibung der Lebenslänge, und er erklärt mit Nachdruck, dass die Planeten, von denen wir das entsprechende Urteil ableiten sollen, an starken Orten stehen müssen. Er beschreibt das folgendermaßen:

> *Zuerst mag festgestellt werden, dass die Lebenshäuser, in welchen der Beherrscher über die Lebensdauer seinen Platz hat, sind: Der Aszendent von 5 Graden oberhalb des Horizontes bis zu den übrigen 25 darunter [das ist die äquale Manier] und das 11 Haus, das den Namen Bonus genius, der wohltätige Schutzgeist, führt und nach rechts hin mit dem Aszendenten im Mundansextil steht. Desgleichen das Medium Coelum, welches mit dem Aszendenten im Mundanquadrat steht. Ferner das 9. Haus, dessen Name Deus, das Haus des Göttlichen ist, vom Aszendenten im Trigon entfernt. Zuletzt das dem Aszendenten gegenüberliegende 7. Haus.*[154]

Dies ist alles, was Ptolemäus zu den technischen Grundlagen der Häuser im *Tetrabiblos* zu sagen hat. Zur Einschätzung der Bedeutung ist vor allem der Satz über das 1. Haus sehr zweckdienlich. *Der Aszendent von 5 Graden oberhalb des Horizontes bis zu den übrigen 25 darunter*. Die Verlegung des Aszendenten um 5° hat hitzige Debatten ausgelöst. Die vernünftigste Erklärung besagt, dass die Wirkung der einzelnen Häuser jeweils 5° vor deren Spitze einsetzt. Auch moderne Astrologen verfahren heute oft so, dass sie den Einfluss eines Planeten, wenn er in einem Abstand von bis zu 5° vor der nächsten Hausspitze steht, schon in das folgende Haus rechnen. Aber auf der Basis dieses Kommentars von Ptolemäus haben einige Autoren danach gestrebt, formell eine neue Methode zur Häuserkonstruktion zu erkennen, nämlich das sogenannte **klassische Häusersystem**, das grundsätzlich der Methode des Alcabitius folgt, aber die Spitzte des 1. Hauses 5° vor dem Aszendenten beginnen lässt. Dieser Ansatz ist irreführend, denn die Verschiebung um 5° (bzw. der Orbis der Hausspitze) ist unabhängig von der benutzten Häusermanier ein fester Bestandteil der traditionellen Technik.

---

[154] Claudius Ptolemäus, *Tetrabiblos*. S. 163

Dies sollte also eher als ein Grundprinzip der Häuserdeutung angesehen werden denn als eine Methode der Häuserteilung. Ptolemäus' Hinweis „bis zu den übrigen 25 darunter" scheint oberflächlich betrachtet die äqualen Häuser zu befürworten, was erfordert, dass jedes Haus 30 Grade des Tierkreises einnimmt. Wenn wir zu diesen Abschnitt aber als Querverweis einen Text seines Zeitgenossen Antiochus heranziehen, der eine ausführlichere Erklärung gibt, so erkennen wir, dass auch andere Astrologen ganz ähnlich verfahren sind, selbst wenn sie eindeutig keine äqualen Häuser verwendet haben:

> *Jeder dieser zwölf Orte bekommt als sein Los 5 Grade vor dem Aufgang und 25 Grade nach dem Aufgang, wenn die Quadrate [das sind die Eckpunkte der Hauptachsen] mit einem 90-Grad-Abstand eintreten. Treten diese aber mit einer anderen Gradzahl auf, dann soll man die Grade des Abstandes der Eckpunkte in drei gleiche Abschnitte teilen, und so wird man wissen, wie viele Grade jeder Ort einnimmt.*[155]

Antiochus verdeutlicht dieses Prinzip sodann an einem Beispiel, was uns einen etwas tieferen Einblick gibt, wie ein Astrologe des 2. Jahrhunderts n. Chr. Die Häuserteilung festlegte. Können wir wirklich annehmen, dass Ptolemäus, der sich insgesamt so knapp über die Häuser äußert, eine Notwendigkeit darin sah, ähnlich detailliert wie Antiochus zu schreiben, und dies zudem in einem Absatz, der nichts mit der Häuserkonstruktion zu tun hatte, sondern sich nur auf das Verständnis der "starken Orte" bezog! Stützt man sich lediglich darauf, dann scheint die Annahme, Ptolemäus habe ein einfaches, äquales Häusersystem verwendet, zu voreilig und kann ohne weiteres in Frage gestellt werden.

Tendierte Ptolemäus dann mehr zu den Ganzzeichenhäusern? Ich halte dies für höchst unwahrscheinlich in Anbetracht seiner sonstigen Neigung zu technischer Perfektion. Betrachten wir ein-

---

[155] Antiochus. *The Thesaurus*. S. 32.

mal seine Erwähnung des „zwölften Teils" des Tierkreises, was für diejenigen etwas verwirrend sein mag, die es gewohnt sind, die Zeichen im Gegenuhrzeigersinn beim Aszendent beginnend und gemäß der Zahlenreihenfolge der Häuser zu zählen. Weder Ptolemäus noch Manilius wiesen den Häusern Zahlen zu, sondern beschrieben diese stattdessen mit ihrem Namen und ihrer Aspektbeziehung zum Aszendenten. Die Tatsache, dass Ptolemäus zwischen den Himmelsörtern und Teilen des Zodiaks eine Unterscheidung trifft, und dass er hier eine Nummerierung einführt (wohlgemerkt, nicht für die Häuser!) lässt vermuten, dass er diese als zwei unterschiedliche Systeme kannte, die nichts miteinander zu tun hatten, auch wenn sie in der Praxis miteinander häufig assoziiert wurden. In dem Werk von Vettius Valens, dessen Darstellung für die Astrologie offenkundig deutliches Zeugnis von der Verwendung der Ganzeichenhäuser ablegt, gibt es einen Hinweis darauf, dass die korrekte Berechnung genaue Gradzahlen erfordert und nicht nur eine einfache Beziehung zwischen Zeichen und Häusern.[156]

Wenn wir nochmals auf den Erklärung des Ptolemäus zurückkommen, dass das 1. Haus von 5° über dem Horizont bis zu 25° unter dem Horizont gezählt wird, dann sehen wir, dass es nicht in der Absicht seiner Häuserteilung lag, eine einfache Assoziation mit den Zeichen herzustellen. Es war ihn vielmehr darum zu tun,

[156] Robert Schmidts Übersetzung von Valens (Buch IX, 3) enthüllt: „Aber zuallererst muss man die Orte auf den Grad genau kalkulieren. Und zuletzt, wenn man den Grad des Horoskops (d. i. der Aszendent) ermittelt, ist es notwendig, von diesem Grad aufwärts zu zählen, bis die 30 Grade im nächsten *zoidion* vollständig sind. Dies wird dann der Ort sein, der das Leben betrifft. Dann geht man ganz ähnlich wieder 30 Grade weiter, was sich auf den Lebensunterhalt bezieht. Und so verfährt man auch mit dem nächsten." Die Übertragung der Horoskope von Valens in dem Buch *Greek Horoscopes* von Neugebauer und van Hoesen veranschaulichen eine andere Gedächtnishilfe. Denn obwohl Häuser und Aspekte gemäß ihres Verhältnisses zu den Zeichen diskutiert werden, werden sie exakter anhand der Grade berechnet. In Bezug zu Horoskop L75 bemerke die Kommentatoren (S. 89): „.... wir haben hier einen Fall, bei dem wir sehen, dass Vettius Valens seine Horoskope sehr genau mit Graden und Minuten berechnete, obwohl er normalerweise nur Zeichen erwähnt." Die Herausgeber listen drei weitere Horoskope auf, die eindeutig in Graden und Minuten berech net sind, sowie vier Horoskope, bei denen die Grade (aber ohne Angabe der Minuten) erwähnt sind.

zuverlässige Grenzen für die Bereiche mit gesteigerter Wirkung anzugeben. Bei seiner Anerkennung der „wirksamen Orte“ bietet er eine philosophische Übereinstimmung mit den von Manilius in der Astronomica zum Ausdruck gebrachten Prinzipien: der Ursprung der Hausbedeutungen liegt darin begründet, dass sie die Wirksamkeit der Planeten steigern oder vermindern, und folglich die besonders bedeutsamen Bereiche um die Spitzen herum ergeben, die die konzentrierte Aufmerksamkeit auf deren Winkelkontakte mit dem Aszendenten legt. Dies wiederum stützt die Ansicht vieler Astrologen, dass die Hausspitzen einen breiteren Einflussbereich haben, ähnlich wie die Planeten. Wir haben schon eine Textpassage besprochen, wo es um die Festlegung der Kraft und Geschwindigkeit der planetaren Wirkungen geht. Hier spricht Ptolemäus über die Notwendigkeit, zu beobachten, ob Planeten direkt an den Ecken konstelliert sind oder etwas später auf die Ecken folgen. Dies bedeutet zum Beispiel, dass man unterscheidet, ob ein Planet im 1. Haus steht oder noch stärker gestellt direkt am Aszendenten.

Ziemlich sicher bedeutet diese Verlegung des 1. Hauses um 5° eine Anerkennung der Tatsache, dass ein Planet im Abstand von 5° zum Aszendenten als angular und stark angesehen werden kann, egal, ob er vor oder nach dem Aszendenten steht. Dasselbe Prinzip gilt auch für die anderen Eckpunkte und hat Auswirkungen auf die Definition des Zustandes eines Planeten bezüglich seiner Eckstellung bzw. seiner Schwäche.

Verwirrungen über die „Grenze der Eckstellung“

Die Kernfrage, wo wir die Grenze ziehen, dass ein Planet noch „an einem Eckpunkt“ steht (also nicht nur als Planet, der in einem Eckhaus steht), war immer sehr umstritten, und die Erläuterungen des Ptolemäus zu dieser Angelegenheit haben einen entscheidenden

Einfluss auf viele Debatten ausgeübt. Ein Beispiel hierfür finden wir in Henry Coleys Übersetzung von The Considerations of Guido Bonatus. Der 59. Aphorismus besagt:

> *… zu berücksichtigen, ob der Signifikator 15 Grad hinter der Spitze eines Eckpunktes steht, aber nicht mehr! Denn man sollte sagen, dass er an einer Ecke steht und dass er dort exakt ist, wie Zael bestätigt. Steht er davor, dann sagt man nicht, dass er in einer Ecke sei, und er weist auch keine Stärke mehr auf, wenn er weiter als 15 Grad von der Ecke entfernt steht. Zum Beispiel: Der Aszendent befindet sich auf 4 Grad Stier. Jeder Planet zwischen dem 4. und dem 19. Grad stand demgemäß in der Ecke. Stand er aber noch weiter entfernt, so war er nicht in der Ecke. Ptolemäus scheint damit vertraut zu sein, denn er äußert sich dazu nicht ausdrücklich, dass jeder Planet 5 Grad vor und 25 Grad nach der Spitze in der Ecke steht. Zael kann die Zweifel beseitigen, dass nämlich der größere Abstand des Planeten von der Ecke dessen Angelegenheit behindert.*[157]

Diese Textstelle zeigt, dass Bonatus den Text von Ptolemäus missversteht, denn dieser unterscheidet sehr wohl, ob ein Planet an der Ecke steht oder ob dieser einfach „nachfolgt", was für Ptolemäus so viel heißt wie, dass er im Eckhaus steht. Das Originalzitat von Zael[158] scheint sich lediglich auf die Definition „ein Planet in der Ecke" zu beziehen. Aber die Annahme, dass Zael entweder die Abmessung der Eckhäuser oder das Ausmaß ihrer Bedeutung neu definierte, zog eine Kette von Fehlschlüssen nach sich, die selbst die Köpfe der größten Astrologen sich im Kreis drehen ließ. Coleys Übersetzung bereitet der Verwirrung ein Ende, denn er fügte als

---

[157] Animae Astrologiae. *The Astrologers Guide*. Washington DC 1970, S. 21.

[158] Zael oder Zahel war ein jüdischer Mathematiker, Physiker und Astrologe, der zwischen 822 und 850 n. Chr. gestorben ist. Sein Text *Introductorium ad astrologiam seu de iudiciis* („Einführung in die Astrologie oder die Deutung betreffend") übte im 13. Jh. einen starken Einfluss auf Guido Bonatti (oder Bonatus) aus. Henry Coley, der William Lillys Adoptivsohn war, übersetzte den Text von Bonatti 1675 ins Englische.

editorische Notiz eine Widerrede von William Lilly an, der ebenfalls stärker auf die Bedeutung der Eckhäuser insgesamt abhob anstatt auf die Eckpunkte:

> *Derselbe Ptolemäus scheint zu behaupten, dass kein Teil eines Hauses frei von Wirkung sei. Ich bin der Meinung und das keineswegs unbegründet, dass man von jedem Planeten, der in einem Haus steht, auch sagen sollte, dass er in dem Haus steht, in dem man ihn vorfindet – sei es am Anfang oder auch am Ende des Hauses; und deswegen sage ich im Haus und nicht im Zeichen, denn manchmal umfasst ein Haus mehr als nur ein Zeichen und manchmal auch weniger als ein ganzes Zeichen. Denn es kommt mir lächerlich vor, dass ein Teil eines Hauses brachliegen und ohne Wirkung sein soll.*[159]

Abgesehen davon, dass er Planeten „in Ecken" mit denen in Eckhäusern verwechselt, führte Lillys Zwischenruf nur zu noch mehr Verwirrung, denn er stellte nicht deutlich heraus, dass er auch die Verwendung eines Orbis von 5° vor der Häuserspitze befürwortete, so dass Planeten am Ende eines Hauses durchaus schon mit dem folgenden Haus assoziiert wurden. Diese Technik wandte er jedenfalls bei seiner Deutung von Horoskopen an und dehnte die Grenze von 5° gelegentlich sogar aus.[160]

Eine in jüngster Vergangenheit Zeit vorgenommene Neubewertung von Bonattis Werk hat einen weiteren Abschnitt ans Licht befördert, der als Argument dafür herangezogen wurde, dass die Hausspitze ursprünglich ein Halbierungspunkt für die Festlegung der Häuser gewesen sein könnten und nicht der Beginn ihres Einflusses. Hier beruft man sich abermals auf den Text von Zael als Quelle. Die fragliche Stelle ist allerdings mehrdeutig und nimmt an,

---

[159] An *Anima Astrologiae: The Astrologer's Guide*. Faksimile Ausgabe, London 1986, S. 21 f.

[160] Lilly lehnt in *Christliche Astrologie Bd. 1* auf S. 184 ab, einen Planeten als Signifikator zu verwenden, „denn esfehlen ihm noch fünf Grad auf die Spitze des 3. Hauses." Auf Seite 209 wertet er den Glückspunkt im 2. Haus, obwohl er 6°25' davor steht, mit der Begründung, es wäre absurd zu denken, dass er eine Bedeutung für das 1. Haus hat."

dass der Einfluss des 1. Hauses in der Mitte desselben nachlässt, was mit einem Verweis auf Merkur (27° Zwillinge und Herr des Zwillings-Aszendenten) zusammenhängt, der „sein Domizil wechselt“ und in das 2. Haus läuft, obwohl er weit und breit nicht in der Nähe der Spitze des 2. Hauses steht. Dieses Horoskop hat einen Aszendent auf 21° Zwillinge, und die Spitze des 3. Hauses steht auf 13° Krebs. Der Text dazu lautet:

> *Und weil der Herr des Aszendenten sich aus seinem eigenen Domizil heraus in ein anderes Zeichen bewegte, wurde durch seine Position angezeigt, dass der Fragesteller innerhalb kürzester Zeit umziehen werde. Und weil der Herr sich in das zweite Haus begab, konnte man sehen, dass dieser Umzug dazu diente, sich Substanz zu schaffen, die bisher nicht vorhanden war. Und es war ersichtlich, dass der Umzug dem Gelderwerb dienen sollte, und zwar an einem Ort, an dem er sich schon zu einem anderen Zeitpunkt befunden hatte.*[161]

Der Hinweis auf Merkur, der in das 2. Haus läuft, obwohl er noch 16° vor der Spitze des 2. Hauses steht, führte zu der Vermutung, dass die Spitze kein zuverlässiger Hinweis auf den Punkt ist, an dem die Wirkung des Hauses beginnt. Es war allerdings bei den alten Astrologen gang und gäbe, das Tierkreiszeichen als „Haus“ eines Planeten zu bezeichnen, und da Merkur aus den Zwillingen in den Krebs läuft, betritt er sein „2. Haus“ in dem Sinne, dass dies das zweite Zeichen nach dem Ort seiner natürlichen Herrschaft ist. Wir finden einen ähnlichen Gedankengang in dem oft wiederholten alten Aphorismus, dass der Mond in den Zwillingen geschwächt ist, da dies sein 12. Haus ist – von seinem eigenen Haus aus gerechnet. Die Überlappung der Terminologie und des Prinzips der Herrschaft ist verwirrend und muss jeweils im Kontext geklärt werden.

---

[161] Die Stelle findet sich bei einer Horoskopdeutung in J.D. *Norths Horoscopes and History*, S. 77-79. Siehe hierzu auch: Robert Hand „A Study of Early House Division.“ In: *AA Journal July 1997.*

Aber wir sollten an dieser Stelle eine Pause einlegen, bevor wir unsere Methode der Festlegung von Häusern aufgrund dieser Passage neu definieren müssen.

Ziemlich übereilt haben einige Autoren Textabschnitte wie den von Zael diskutierten Passus dazu verwendet, um zu hinterfragen, ob unsere modernen Methoden der Festlegung von Häusern durch die Quadranten überhaupt von der Tradition bedacht und unterstützt würden. Dies erfolgte aber ungeachtet der Tatsache, dass das zweite Zitat sich leicht erklären lässt, und dass das, was im ersten Zitat ungeklärt ist, lediglich eine zuverlässige Definition für die Eckstellung abgibt. Es geht also um einen Streit, den wir alle kennen und erwogen haben, den wir gelöst, erneut in Frage gestellt und abermals diskutiert haben. Vielleicht könnten weitere Belege entlang der Forschungen der Gauquelins eine bessere Grundlage für die Festlegung der Häuser und deren Bedeutung für die natürliche Astrologie bilden. Aber in der urteilenden Astrologie hat sich kein philosophisches Argument und keine Darlegung der Astrologie in der Praxis als fähig erwiesen, die Gültigkeit alternativer Systeme zu untermauern. Gibt es ein technisch korrektes und philosophisch makelloses System, dass stimmig ist, während alle anderen durchfallen? Sollte es dieses geben, dann sind wir derzeit noch weit davon entfernt davon, es zu entdecken.

Die Kröte schlucken – auch wenn sie einem nicht schmeckt

Während wir wohl alle mathematischen Herausforderungen akzeptieren, die die Häuserkonstruktion mit sich bringt, dürfen wir uns nie zu weit von der Einsicht entfernen, dass die alten Astrologen sich noch wesentlich größeren Herausforderungen gegenüber sahen: Sie mussten zuerst genaue Angaben zu Geburtszeit erhalten. Ptolemäus gewährt uns in seinem dritten Buch einen Einblick in sein Bemühen „zuverlässig den aufsteigenden Grad des Tierkreises zu finden“ Hier spricht er über die Schwierigkeiten, denen er begegnet, wenn er versucht „den ersten und wichtigsten Teil, welcher naturgemäß die Stunde der Geburt ist“[162], zu ermitteln. Er erwähnt auch die häufigen Fehlerquellen:

„Sonnenuhren versagen, wofern sie nicht richtig aufgestellt sind, oder weil ihre Zeiger nicht genau rechtwinklig zur Meridianlinie angepaßt steht. Wasseruhren sind ebenfalls nicht immer zuverlässig, infolge der natürlichen Veränderungen des Wassers. Und diese Veränderungen resultieren aus verschiedensten Ursachen.“[163]

In Anhang C haben wir den Ratschlag des arabischen Astrologen Al-Biruni aus dem 11. Jahrhundert abgedruckt, wie man die Geburtsstunde berechnen soll. Auch wenn dieser Text 1000 Jahre nach Ptolemäus verfasst wurde, zeigt dies doch, dass die Astrologen vor dem Zeitalter des Computers noch mit ganz anderen Problemen konfrontiert waren. Angesichts dieser Schwierigkeiten ist es kaum verwunderlich, dass die Astrologen der damaligen Zeit, die nach theoretischer Perfektion strebten, diese in gleichem Maße auch in der praktischen Anwendung suchten. Dies wirft die Frage auf, ob wir überhaupt so viel Aufmerksamkeit auf diejenigen Arbeitsbeispiele verwenden sollen, die auf eine Verwendung der einfachen Techniken verweisen. In diesen alten Texten werden wir regelmäßig daran erinnert, dass wir allen Verallgemeinerungen zum Trotz darauf achten müssen, die Berechnungen auf den tatsächlichen Tierkreisgrad zu gründen und nicht nur einfach auf die Zeichenstellung. Kein Zweifel, viele Punkte wurden vereinfacht, um andere Merkmale des Horoskops zu erklären, und man fragt sich, ob diese Astrologen sich damit herumgequält hätten, komplexe mathematische Formeln zu berechnen, wenn die Geburtszeit sowieso in jedem Fall gerundet wurde. Ganz besonders sollten wir daran denken, wenn wir die Methoden der alten Astrologen hinter-

[162] Claudius Ptolemäus, *Tetrabiblos*. S. 139.
[163] Claudius Ptolemäus, *Tetrabiblos*. S. 139.

fragen, denn unsere Wissenslücken werden lediglich durch unsere gegenwärtigen Kenntnisse gefüllt. Man kann auch argumentieren, dass jede Übersetzung von Fachbegriffen über weite Strecken eine persönliche Interpretation eines Verfassers ist, so dass wir nie ganz auf den Sinn von Textstellen vertrauen können, die sich auf einen Lebensstil und einen Standpunkt beziehen, den wir heute so nicht mehr realisieren können.

In dieser Hinsicht mache ich genauso schuldig wie andere, aber meine Zusammenfassung will besagen, dass der moderne Astrologe, der das Häuserproblem mit dem Verweis auf historische Quellen lösen möchte, letztlich zu dem Schluss kommen wird, dass diese Quellen keine maßgebende Stimme sind und auch nicht sein werden. Das Problem existiert, weil es so viele gültige Bezugsrahmen gibt, und es ist unmöglich, deren gesamtes symbolisches Potenzial in der jeweiligen Technik zu erkennen. Wir müssen unsere Auswahl entsprechend unserer Neigungen treffen. Wenn wir dies für uns persönlich als Teil unserer Verantwortung zur Gestaltung unserer eigenen Astrologie akzeptieren, dann hört das „Häuserproblem“ auf, zu existieren. Es lässt sich dann auf die Qual der Wahl reduzieren, welchen Stil und welche Techniken man verwendet , was übrigens in jedem anderen Fach auch der Fall ist. Unsere Abhängigkeit von den Häusern entspringt dem Wunsch, einen persönlicheren Kontakt zwischen den Planetenpositionen und den Qualitäten von Raum und Zeit zu herzustellen. Wir müssen diesbezüglich noch eine andere Ebene akzeptieren: Die wahrhaft persönlichen Beziehung zeigt sich durch die zentrale Position des Astrologen, der sich bemüht, aus den himmlischen Bewegungen und Zyklen eine Bedeutung und eine symbolische Beurteilung zu ziehen und sich in dieser Hinsicht treu an die Prinzipien der Astrologie hält, die die astronomischen Prinzipien durchaus erweitert, statt sich an ihnen festzuklammern.

Anhang A: Glossar

Abgeleitete Häuser – siehe unter „Das Drehen des Horoskops“

Akzidentielle Würde – Die Stärke, die ein Planet erhält unabhängig von seiner Stellung im Tierkreis. Diese kann durch jedes Attribut gefördert werden, das die Wirkung des betreffenden Planeten verstärkt, wie etwa die Stellung in einem Eckhaus, direkte oder schnelle Bewegung, ohne Verbrennung, in einem günstigen Aspekt zu Wohltätern oder in Konjunktion zu einem glückverheißenden Fixstern.

Angular – Die Eckpunkte sind Aszendent (AC), Deszendent (DC), Himmelsmitte (MC) und Himmelstiefe (IC). Diese kennzeichnen die Spitzen des 1. Hauses, des 7. Hauses, des 10. Hauses und des 4. Hauses und werden auch „Kardinalpunkte“ genannt. Planeten in diesen Häusern werden auch als „angular“ bezeichnet, und man schreibt ihnen einen starken Einfluss zu.

Animodar – Methode zur Rektifikation, die man bis auf Ptolemäus zurückführen kann und die in verschiedenen klassischen Werken erklärt wird. Das Ziel ist, den Grad des Aszendenten zu korrigieren, indem man die Tierkreisposition desjenigen Planeten heranzieht, der den stärksten Einfluss über den vorausgegangenen Vollmond oder Neumond hatte.

Aszendent. Der Grad auf der Ekliptik, der den Osthorizont schneidet und zugleich die Spitze des 1. Hauses markiert. Er wird so genannt, weil die Planeten an dieser Stelle am Horizont aufsteigen und dann für das bloße Auge sichtbar werden.

Astrolabium. Ein mechanisches Instrument, Vorläufer des Sextanten, das verwendet wurde, um die Höhe der Sonne oder eines Planeten festzulegen.

Chaldäische Reihe – traditionell die Auflistung der Planeten in der Reihenfolge ihrer Geschwindigkeit, also Saturn, Jupiter, Mars, Sonne, Venus, Merkur, Mond.

Cholerisch – einer der vier Humores, der dem Sommer und dem Element Feuer zugeordnet ist. Dies bedeutet ein heißes und trockenes Temperament. Das Wort „cholerisch“ wird oft benutzt, um jemanden zu beschreiben, dessen Handlungen, Leidenschaften und Ärger schnell an die Oberfläche treten, aber auch schnell wieder an Ladung verlieren. In der Physiologie gilt der cholerische Humor als gelber Schleim, der von der Gallenblase produziert wird und von dem man annimmt, dass er zu Aktivität treibt und den Instinkt anregt, für Nahrung zu sorgen und das Prinzip der Anziehung zu unterstützen.

Dekane oder Dekanate – Der ägyptische Begriff für die Gesichter. Es sind Unterteilungen vom jeweils 10 Grad, siehe auch Gesichter.

Dekumbitur – der Bereich der Astrologie, der Horoskope untersucht, welche auf den Zeitpunkt erstellt werden, zu dem jemand krank wird oder ihm die Krankheit bewusst wird. Aus diesem Horoskop kann man die Krankheitsursache herauslesen, die beste Behandlung und die dazu geeigneten Zeitpunkte. Ferner kann man den Verlauf der Genesung erkennen oder auch Rückfälle.

Deszendent – der Tierkreisgrad, der den westlichen Horizont erreicht und die Spitze des 7. Hauses bezeichnet. Er wird so genannt, weil der betreffende Grad an diesem Punkt unter den Horizont absinkt und dann nicht mehr sichtbar ist (lat. descendere – absteigen).

Dexter/Sinister – dexter bedeutet wörtlich „von rechts“ und bezieht sich auf etwas, das rechter Hand ist. Sinister bedeutet „von links“ und bezieht sich auf etwas, das linker Hand ist. Gemäß den pythagoräischen Prinzipien ist eine Bewegung nach rechts naturgemäßer und direkter als eine Bewegung nach links. (So kennen wir zum Beispiel den Ausdruck rechtschaffen, während das Fremdwort sinister eher einen bedrohlichen Unterton hat.) Darin lässt sich zum Teil die Tagesbewegung der Planeten wiedererkennen, denn die Planeten bewegen sich von rechts nach links. Ferner kommt darin die Tatsache zum Ausdruck, dass sich bei einem Kombinations-Zyklus zweier Planeten der sich schneller bewegende Planet seinen Aspekt immer von der rechten Seite her bildet, solange der Zyklus zunimmt, was Wachstum und Vitalität suggeriert. Der schnellere Planet steht auf der linken Seite, wenn der Zyklus abnimmt, was Schwäche und Rückzug suggeriert. Deswegen sagt man, dass ein dexter bzw. von rechts kommender Aspekt stärker wirkt und effektiver ist, als ein sinister bzw. von links kommender Aspekt. Die Dexter-Aspekte bilden sich in Richtung der täglichen Revolution, z.B. ein Planet in den Fischen läuft auf ein Sextil zu einem Planeten im Steinbock zu. Sinister-Aspekte bilden sich entgegen der täglichen Revolution, z.B. wenn ein Planet in den Fischen in einem Sextil zu einem Planeten im Stier steht.

Disposition – der gesamte Zustand, Einfluss oder Wirkung eines Planeten, nachdem man alles in Zusammenhang mit Würden und Schwächen dieses Planeten überprüft hat.

Dispositor – Ein Planet, der über einen anderen herrscht, weil dieser in einem seiner Bereich mit essenziellen Würden steht. Zu Beispiel herrscht die Venus im Stier, folglich ist die Venus Dispositor über jeden Planeten, der im Stier steht. Man sagt dann, dass dieser Planet von der Venus durch das Zeichen disponiert wird. Planeten können auch durch die kleineren Würden disponiert werden. Der generelle Zustand des Dispositors hat Auswirkungen auf die Stärke des Planeten, der von ihm disponiert wird.

Diurnal/nocturnal – Diurnal bedeutet: gemäß der Qualität des Tages, nocturnal bedeutet gemäß der Qualität der Nacht. Diurnale Energien stehen in Bezug zu Männlichkeit und zum solaren Prinzip. Dazu gehört es, aktiv, direkt und ausdrucksstark zu sein. Die nocturnalen Kräfte stehen dagegen in Bezug zur Weiblichkeit und dem lunaren Prinzip. Dazu gehört es, empfänglich, indirekt und verinnerlicht zu sein. Yin und Yang sind die entsprechenden Begriffe aus der östlichen Philosophie. Die Merkmale der diurnalen oder nocturnalen Einflüsse durchdringen viele Bereiche der astrologischen Philosophie, angefangen bei den Zeichen, die abwechselnd in männliche und weibliche eingeteilt werden, bis hin zur Zuordnung der Planetenherrscher zu den jeweiligen Zeichen. Abgesehen von Sonne und Mond hat jeder Planet je zwei Herrschaften, eine diurnale und eine nocturnale. So herrscht Mars zum Beispiel im Widder, seinem diurnalen Haus, und im Skorpion, seinem nocturnalen Haus.

Diurnale/nocturnale Horoskope – siehe Tag- oder Nachthoroskop

Domizil – ein traditioneller Begriff, der in etwa „Aufenthaltsort" bedeutet und sich auf einen Planeten bezieht, der im Zeichen seiner eigenen Herrschaft steht. Zum Beispiel ist Venus im Stier und in der Waage in ihrem Domizil.

Das Drehen des Horoskops – eine vor allem in der Stundenastrologie oft eingesetzte Technik, die wohl auch Ptolemäus schon gebrauchte. Dabei werden einzelne Bereiche des Horoskops näher untersucht und den Häuserspitzen werden, ausgehend von einer bestimmten Häuserspitze, neue Bedeutungen zugewiesen. Ein Beispiel: Fragt jemand in der Angelegenheit eines Bruders, dann verwendet man das 3. Haus des Horoskops so, als wäre es das 1. Haus. Entsprechend steht dann das 4.Haus für das 2. Haus des Bruders, das 5. Haus steht für das 3. Haus des Bruders usw. Man spricht dann davon, dass das 5.Haus das gedrehte 3. Haus für den Bruder ist.

Eingeschlossene Zeichen – bezeichnet den kompletten Einschluss eines Zeichens in ein Haus, das zwei verschiedene andere Zeichen an seinen Grenzen hat. Wenn zum Beispiel die Spitze des 2. Hauses auf 23° Wassermann steht und die Spitze des 3. Hauses auf 6° Widder, dann ist Fische im 2. Haus eingeschlossen, und man sagt, dass alle Planeten in den Fischen in einem eingeschlossenen Zeichen stehen. Moderne Autoren haben darauf hingewiesen, dass Planeten in eingeschlossenen Zeichen geschwächt oder in ihrem Wirken eingeschränkt sind, dieser Standpunkt wird allerdings von den alten Texten nicht gestützt.

Ekliptik – der scheinbare Weg der Sonne um die Erde, so wie wir es von unserem Standpunkt auf der Erde wahrnehmen. Dieser Weg wurde so genannt, weil es zu Eklipsen (Finsternissen) kommt, wenn der Mond auf seiner Bahn der Sonne begegnet. Die Ekliptik ist die Grundlage für den Zodiak, der bei 0° Widder beginnt, wenn die Sonne auf ihrem scheinbaren Weg in die nördliche Hemisphäre den Frühlingspunkt überschreitet.

Elektionen, Elektionsastrologie – Teilgebiet der Astrologie: Man sucht den Zeitpunkt, der ein Optimum an planetarer Unterstützung für eine Unternehmung verspricht, um auf diese Weise die Chance auf ein erfolgreiches Gelingen zu vergrößern. Der Astrologe wählt den Zeitpunkt für das beste Handeln aus. So würde man für die Eröffnung einer Schlacht beispielsweise einen Zeitpunkt mit einem stark gestellten Mars wählen.

Erster Meridian – eine imaginäre Linie, die durch die Himmelspole und die Punkte der Tag- und Nachtgleichen (an denen sich Ekliptik und Äquator schneiden) läuft. Der erste Meridian korrespondiert mit der Line, die durch Greenwich verläuft und 0° für die geografische Länge definiert.

Erste Vertikale – ein Großkreis, der durch den Ostpunkt und den Westpunkt des Horizonts sowie durch Zenit und Nadir verläuft.

Essenzielle Würden – die Stärke, die ein Planet dadurch empfängt, dass er sich in einem Feld mit zodiakaler Herrschaft befindet. Dies heißt so, weil dies die Teile des Tierkreises anzeigt, in denen die traditionellen Planeten immer in Würde stehen. Diesen Bereichen schreibt man eine grundlegende (oder essenzielle) Beziehung zu dem jeweiligen Planeten zu. So wird Mars beispielsweise immer eine besondere Verbindung mit Widder haben, ganz unabhängig von seiner Hausstellung oder den Aspektverbindungen. Die wichtigsten essenziellen Würden sind die Herrschaft im Zeichen oder die Erhöhung. Die geringeren Würden sind die Triplizität, die Grenzen und die Gesichter. Ein Planet ist essenziell geschwächt, wenn er im Zeichen seines Exils oder seines Falls steht.

Freuden – dies sind traditionell die Häuser, in denen die Planeten besonders stark gestellt sind: Mond – 3. Haus; Merkur – 1. Haus; Venus – 5. Haus; Sonne – 9. Haus; Mars – 6. Haus; Jupiter – 11. Haus; Saturn – 12. Haus.

Fruchtbare Zeichen – dies sind die Zeichen der Wasser-Triplizität: Krebs, Skorpion und Fische, die als fruchtbar gelten wegen ihres feuchten Einflusses, was förderlich ist für die Fruchtbarkeit. Wenn sie nicht durch andere Faktoren verletzt sind, zeigen sie unter anderem einen Hang zu großen Familien, vielen Kindern oder leichter Schwangerschaft. Skorpion ist diesbezüglich am wenigsten vielversprechend, denn wenn das Zeichen Skorpion verletzt ist, kann es auf viele Fehlgeburten hindeuten.

Fünf Grad vor der Häuserspitze – viele traditionelle Autoritäten behaupten, dass man ab einem Orbis von 5 Grad den Einfluss schon in Bezug auf das nächste Haus deuten sollte. Steht Mars z.B. auf 3° Stier und die Spitze des 2. Hauses auf 7° Stier, dann würde man Mars essenziell als Planet des 2. Hauses betrachten. Bei nichtäqualen Häusern oder Ganzzeichenhäusern spricht man hier oft von der 1/6 Regel

Gesichter – werden auch als Dekane bezeichnet. Es handelt sich um eine Unterteilung der Tierkreiszeichen in Abschnitte von 10°, die jeweils von einem anderen Planeten regiert werden. Vermutlich basiert diese auf der ägyptischen Einteilung des Jahres in 36 Zehntages-Perioden, denen jeweils eine andere Gottheit vorstand. Firmicus Maternus empfahl deren Verwendung nachdrücklich und sagte, dass ein Planet in seinem eigenen Gesicht ähnlich gut gestellt ist wie in seinem eigenen Zeichen. Ähnlich wie schon Manilius vor ihm schrieb er den Gesichtern die Tierkreiszeichen als Herrscher zu. Die meisten anderen Autoren einschließlich Ptolemäus ordneten ihnen dagegen die Planeten in absteigender Reihenfolge (Saturn, Jupiter, Mars, Sonne, Venus, Merkur, Mond) als Herrscher zu.

Gnomon – ein Sonnenstandzeiger oder der Zeiger einer Sonnenuhr.

Grenzen – auch als Terme bekannt. Die Grenzen sind eine Unterteilung der Zeichen, und jede Grenze wird von einem anderen Planeten regiert. Es gab schon in der Antike verschiedene Auflistungen, die meist Sonne und Mond nicht mit einbezogen hatten. Die von Ptolemäus vorgeschlagene Liste ist nach wie vor die populärste. Steht ein Planet in seiner eigenen Grenze, dann empfängt er Würden. Die Herren der Grenzen modifizieren die Wirkungen des Planeten innerhalb ihres Bereiches und haben auch beschreibbare Einflüsse. So wird die Grenze des Aszendentenherrschers zur Beschreibung der körperlichen Verfassung herangezogen.

Hayiz – ein für den Planeten zufriedenstellender Zustand, denn er ist sowohl mit der Hemisphäre als auch aufgrund seiner Zeichenstellung, die seine Sektion (siehe das entsprechende Stichwort weiter unten) unterstützt, gut ausgerichtet: zum Beispiel, wenn ein Tagplanet in derselben Hemisphäre steht wie die Sonne und zugleich in einem diurnalen/maskulinen Zeichen. Oder wenn ein Nachtplanet in der der Sonne entgegengesetzten Hemisphäre und zugleich in einem nocturnalen/weiblichen Zeichen steht. Lilly hielt es für einen Nachtplaneten von Bedeutung, dass er bei Nacht in der Nähe der

Erde steht, aber dadurch käme der Planet in die gleiche Hemisphäre wie die Sonne, was die antiken Prinzipien in Abrede stellen würde.

Heliakischer Aufgang / Untergang – Die antiken Astrologen legten besonderen Nachdruck auf den heliakischen Aufgang oder Untergang der Sterne, denn dies konnte als zuverlässiger Hinweis für die landwirtschaftliche Tätigkeit verwendet werden. Ein heliakischer Untergang findet statt, wenn ein Planet oder Stern in eine Konjunktion mit der Sonne eintritt. Die zunehmende Annäherung der Sonne an den Stern führt eventuell zu einer Periode der Unsichtbarkeit, weil der Stern bzw. Planet vom Sonnenlicht überstrahlt wird (siehe auch: Verbrennung). Der heliakische Untergang ist jener Moment, in dem der Planet oder Stern letztmalig nach dem Sonnenuntergang sichtbar ist. Er geht dann mit der Sonne auf und unter und ist Tag und Nacht nicht sichtbar. Sobald sich die Sonne wieder zwischen 8° und 20° zodiakaler Länge von dem Stern entfernt hat, steigt der Stern kurz vor Sonnenaufgang auf – dies nennt man den heliakischen Aufgang.

Himmelsmitte – siehe Medium Coeli.

Höhe – die Entfernung eines Planeten über oder unter dem Horizont.

Horizont – wenn wir über den Horizont reden, dann verstehen wir darunter ganz allgemein den schmalen Kreis des sichtbaren Horizonts, an dem die Erde mit dem Himmel zusammentrifft. Bei der astrologischen Berechnung meinen wir dagegen den Himmelshorizont – einen Großkreis, der den Mittelpunkt der Erde schneidet und immer lotrecht zum Zenit und Nadir steht. Dieser Himmelshorizont halbiert das Horoskop in die obere Taghälfte und die untere Nachthälfte.

Humores – die vier Körpersäfte: sanguinisch, cholerisch, phlegmatisch und melancholisch. Diese sind jeweils mit verschiedenen

Körperfunktionen verbunden: Blut, gelbe Galle, Schleim, schwarze Galle. Deren wechselnde Zusammensetzung wurden in der antiken Medizin zugrunde gelegt, um die natürliche Disposition und die Gesundheit festzustellen. Die vier Körpersäfte wurden auch mit den vier Elementen und den Jahreszeiten assoziiert.

Imum Coeli – der lateinische Ausdruck für die Himmelstiefe, auch IC abgekürzt. Bezeichnet den Tierkreisgrad, der die tiefste Deklination unter der Erde erreicht. Bei vielen Häusersystemen bezeichnet das IC die Spitze des 4. Hauses. Nicht zu verwechseln mit dem Nadir!

Inkonjunkt – dies ist der alte Begriff für den Winkel von 150° (Quinkunx). In dem Begriff schwingt die Bedeutung mit, dass etwas abgekoppelt ist. In der antiken Astrologie sagte man, dass Planeten mit diesem Winkelabstand in keiner Beziehung zueinander stünden, weil Zeichen andere Zeichen, die fünf Zeichen vor oder nach diesen Zeichen stehen, nicht aspektieren konnten.

Kadent – von dem lateinischen Wort „cadere“- fallen. Die kadenten Häuser sind diejenigen, die bei der Tagesbewegung von den Eckpunkten "wegfallen": das 3. Haus, das 6. Haus, das 9. Haus und das 12. Haus. Sie gelten für die Planeten als schwache Bereiche.

Kardinal – der Begriff selbst bedeutet „von größter Bedeutung“ (deshalb kardinale Sünden, kardinale Richtung usw.). In der Astrologie sind die Eckpunkte als „kardinale Punkte“ bekannt. Die Eckhäuser sind „kardinale Häuser“, und die Zeichen der Äquinoktien und Sonnwenden – Widder, Krebs, Waage und Steinbock – sind die Kardinalzeichen.

Knoten: nördlich oder südlich – bezeichnen die Punkte auf dem Tierkreis, an denen die Ebene der Mondbahn sich mit der Ebene der Ekliptik schneidet. Dies sind die Bereiche, an denen Eklipsen eintreten.

Ko-Signifikator – ein Planet oder ein Zeichen, das seinen Einfluss ausübt oder bei etwas unterstützend eine Bedeutung ausübt. In der Stundenastrologie gilt der Mond als der Ko-Signifikator für den Fragesteller. Andere Ko-Signifikatoren können Planeten sein, die in das Haus des Erfragten fallen, Planeten, die in entsprechenden Häusern in eingeschlossenen Zeichen herrschen oder Planeten, die starke Aspekte mit dem Hauptsignifikator bilden.

Kulmination – Das Erreichen des höchsten Punktes. Bezieht sich in der Regel auf die Ankunft eines Planeten an der Himmelsmitte, in der antiken Astrologie wurde der Begriff jedoch auch dann verwendet, wenn ein Planet das IC erreichte. Dann sprach man davon, dass Planeten „unter der Erde kulminierten".

Leer – diese Bezeichnung wird besonders im Zusammenhang mit dem Mond verwendet, wenn dieser innerhalb der Zeichengrenze keinen Aspekt mehr mit einem Planeten bildet, so dass sich keine Entwicklung zeigen kann. Von Leerlauf spricht man, wenn ein Planet während seiner Bewegung durch ein Zeichen keinen Aspekt bildet.

Lichter – Sonne und Mond; werden so genannt, weil sie den Himmel beleuchten.

Männlich/Weiblich – in vieler Hinsicht ist die Polarität männlich-weiblich ähnlich zu derjenigen der Hälften (diurnal/nocturnal). Männlich ist das aktive Sonnenprinzip, während weiblich für das passive (bzw. empfängliche) Mondprinzip steht. Aber die Definition von Tag/Nacht scheint mehr mit der Erzeugung von Wärme (Tag) und deren Reduzierung (Nacht) zusammenzuhängen. Das Prinzip männlich/weiblich ist dagegen mehr von der Trockenheit (männlich) oder der Feuchtigkeit (weiblich) abhängig. Möglicherweise sind beide Definitionen als Varianten zur Beschreibung derselben essenziellen Polarisation entstanden, die moderne Astrologen eher mit „positiv" und „negativ" umschreiben. Die Definition männlich/weiblich ist auch stark mit der pythagoreischen Zahlenlehre verbunden, wo alle männlichen Zeichen, die zugleich auch die diurnalen sind, den ungeraden Zahlen entsprechen. Die weiblichen und zugleich nächtlichen Zeichen stehen in Analogie zu den geraden Zahlen. Zu den männlichen Planeten zählen die Sonne und die oberen Planeten Mars, Jupiter und Saturn. Mond und Venus sind die unteren Planeten. Merkur wird zu beiden Geschlechtern gerechnet. Die Unterscheidung kann auch damit zu tun haben, dass die oberen Planeten in Konjunktion mit der Sonne immer auf der rechten Seite entstehen, Konjunktionen mit dem Mond immer auf der linken Seite, während Venus und Merkur von beiden Seiten in Konjunktion mit der Sonne treten können. Siehe auch „diurnal, „dexter" und „Sektion."

Medium Coeli – auch Himmelsmitte. Der Grad der Ekliptik, der am höchsten über der Erde steht – also auf der Nordhalbkugel im Süden, bzw. auf der Südhalbkugel im Norden. Bei vielen Häusersystemen wird an diesem Punkt die Spitze des 10. Hauses festgelegt. Oft abgekürzt als MC. Nicht zu verwechseln mit dem Zenit!

Melancholisch – einer der vier Humores. Steht in Bezug zum Element Erde und zum Winter. Bezeichnet ein kaltes und trockenes Temperament; das Wort „melancholisch" wird oft zur Beschreibung einer Person verwendet, die langsam auf Gefühle reagiert, tiefgründig denkt und ernste, oft schon pessimistische Ansichten vertritt und zu Introversion und Depression neigt. In der Physiologie sagt man, dass dies in der schwarzen Galle angesiedelt ist, was das Prinzip der Verhaltung durch Zusammenziehen unterstützt.

Menschliche Zeichen – dies sind die Zeichen, die menschliche Figuren darstellen, nämlich Zwillinge, Jungfrau, Waage und Wassermann. (Die Waage wird dazugerechnet, weil man davon ausgeht, dass die Waagschalen von einer menschlichen Hand gehalten werden. Sie sind für ihre sozialen und intellektuellen Fähigkeiten bekannt. Manchmal werden sie auch männliche oder höfliche Zeichen genannt.

Meridian – eine imaginäre Linie, die durch die Himmelspole und den Zenit und Nadir des Beobachters läuft und den Himmel in Ost und West teilt. Auf der Erde entspricht den Meridianen die Einteilung in die geografischen Längen.

Mundanastrologie – ein Teilgebiet der Astrologie, das sich mit den Himmelseinflüssen auf Staaten, kollektive Erfahrungen, Wetter, politische Führer, historische Trends und Weltereignissen beschäftigt. Manchmal spricht man auch von politischer Astrologie.

Nadir – Der Punkt direkt unter einem Beobachter (genau gegenüber dem Zenit), der immer in einem rechten Winkel zum Himmelshorizont steht.

Nachthälfte – die Hemisphäre unter dem Horizont, umfasst die Häuser 1 bis 6.

Nocturnale Sektion – siehe „Sektion".

Nocturnal – siehe unter „diurnal/nocturnal"

Obere / untere Planeten – als obere Planeten wurden traditionell diejenigen oberhalb der Sphäre der Sonne angesehen, nämlich Mars, Jupiter und Saturn. Als untere Planeten galten jene unterhalb der Sphäre der Sonne, nämlich Mond, Merkur und Venus. Moderne Definitionen sagen, dass sich die unteren Planeten innerhalb der Umlaufbahn der Erde bewegen, während die oberen Planeten außerhalb der Erdbahn sind. Dies ergibt im Endeffekt dasselbe, bei der modernen Definition fehlt allerdings der springende Punkt, dass die Sonne der zentrale Faktor ist. Die moderne Definition umfasst auch die transsaturnischen Planeten, während diese bei dem traditionellen Ansatz nicht unterzubringen sind. Es ist ein Prinzip der traditionellen Astrologie, dass die schwereren, oberen Planeten weniger schädliche Einflüsse haben, als die leichteren, unteren Planeten. Die unteren Planeten sind dagegen leichter empfänglich für die Einflüsse der oberen Planeten.

Okzidental/oriental – siehe unter westlich/östlich

Osthemisphäre – die östliche, aufsteigende Hälfte, welche die Häuser, 3, 2, 1, 12, 11und 10 umfasst.

Ostquadrant – derjenige Quadrant im Horoskop, der im Horoskop im Osten aufgeht und die Häuser 1, 2 und 3 umfasst. Wird oft auch als der sanguinische Quadrant bezeichnet

Phlegmatisch – einer der vier Humores, welcher in Bezug steht zum Herbst und zum Element Wasser. Bezeichnet ein kaltes und feuchtes Temperament, und man verwendet das Wort „phlegmatisch" oft, um jemanden zu beschreiben, der sehr sensibel ist, wenig Antriebskraft besitzt und deswegen träge reagiert und oft eine schwache Konstitution hat. In der
Physiologie gilt Schleim als der entsprechende Körpersaft, der das Gleitmittel ist für Auswürfe und Ausscheidung von abgebauten Sekreten.

Planetenstunden – eine gleichmäßige Einteilung des Zeitabschnittes zwischen Sonnenaufgang und Sonnenuntergang, was in der Regel Stunden von mehr oder weniger als genau 60 Minuten ergibt. Jede Einheit wird mit einem Planeten assoziiert, der als Hauptherrscher für die jeweilige Stunde gilt. Siehe hierzu auch Anhang B zur Berechnung der Planetenstunden.

Primärbewegung – siehe hierzu das Stichwort Tagesbewegung.

Quadranten – die Teilung der Himmelssphäre mittels des Horizonts und des Meridians, so dass sich zwischen den Eckpunkten vier Viertel ergeben.

Quadranten-Systeme – Methoden der Häuserteilung, die den Aszendenten mit der Spitze des 1.Hauses gleichsetzen, das MC mit der Spitze des 10. Hauses, den Deszendenten mit der Spitze des 7. Hauses und das IC mit der Spitze des 4.Hauses. Anschließend werden die Räume zwischen diesen Achsen gleichmäßig aufgeteilt in die Häuser. Die äquale Methode ist kein Quadranten-System, da z.B. das MC nicht unbedingt an der Spitze des 10. Hauses steht.

Radixhoroskop – steht für das Grundhoroskop, z.B. das Geburtshoroskop eines Geborenen In der Stundenastrologie meint man damit das Ausgangshoroskop, aus dem man die abgeleiteten Häuser oder Progressionen erhält. Der Begriff kommt von dem lateinischen Wort radix, was "Wurzel" bedeutet.

Rechts/links – siehe Stichwort dexter/sinister

Rezeption – wenn ein Planet seinen Dispositor über das Zeichen, die Erhöhung oder zwei der kleinen Würden aspektiert, dann gibt der Herr der Würde jenem Planeten eine Rezeption. Wenn zum Beispiel Venus im Widder den Mars aspektiert, dann empfängt Mars die Venus im Zeichen seiner Herrschaft und gibt ihr daher eine Rezeption. Eine Rezeption zu geben oder zu empfangen ermöglicht es, Stärken vom Herrscher zum empfangenden Planeten zu übertragen: Venus kann Vorteile aus dem ziehen, was Mars anzubieten hat, und muss sich weniger vor seinem schädlichen Einfluss in Acht nehmen, denn er wird ihre Interessen sichern, da sie unter seinem Schutz steht. Gegenseitige Rezeption bedeutet, dass zwei Planeten gleichzeitig voneinander empfangen. Beispiele: Venus steht im Löwen und die Sonne im Stier (sie empfangen jeweils über das Zeichen voneinander); Mond in den Fischen und Jupiter im Stier (der Mond empfängt Jupiter über dessen Erhöhung im Krebs, Jupiter empfängt den Mond über das Zeichen). Dies deutet auf wechselseitige Befriedigung beider Parteien hin.

Sanguinisch – einer der vier Humores, welcher in Bezug steht zum Frühling und zum Element Luft. Bezeichnet ein warmes und feuchtes Temperament, und man verwendet das Wort „sanguinisch“ oft, um jemanden zu beschreiben, der gelassen, ausgeglichen, optimistisch und fröhlich ist. Es kommt auf keinen Fall zu extremen Reaktionen. In der Physiologie gilt Blut als der entsprechende Körpersaft, der Nahrung durch die Venen leitet, um das Prinzip der Verdauung zu unterstützen.

Schädliche Planeten – siehe hierzu das Stichwort „Übeltäter“.

Sektion – wird oft auch mit dem Begriff „Sekte“ beschrieben. Eine Einteilung der Planeten, Zeichen und Horoskophälften in die Polarität Tag und Nacht. Das Wort an sich bedeutet Einteilung, impliziert aber auch die Vereinigung innerhalb der Einteilung über eine Zugehörigkeit und allgemeines Interesse (daher auch der Begriff der Sekte). Bei den Zeichen sind die männlichen Zeichen diurnal: Widder, Zwillinge, Löwe, Waage, Schütze und Wassermann. Die weiblichen Zeichen sind nocturnal: Stier, Krebs, Jungfrau, Skorpion, Steinbock und Fische. Traditionell sind Sonne, Jupiter und Saturn Tagplaneten. Mond, Venus und Mars sind Nachtplaneten. Merkur hat eine Sonderstellung, denn er wird weder zu den Tag- noch den Nachtplaneten gerechnet. Als Morgenstern gilt er als Tagplanet, als Abendstern als Nachtplanet. Die äußeren Planeten werden bei dieser Einteilung nicht berücksichtigt. Die Übereinstimmung eines Planeten mit der passenden Sektion gilt als günstig. D.h. ein Tagplanet ist in einem Taghoroskop und Tagzeichen günstiger gestellt, was dann als „in der Sektion“ stehend bezeichnet wird.

Signifikator – Ein Planet steht für eine Person, einen Gegenstand, ein Ereignis oder ein Prinzip, z.B. über seine Herrschaft an der Spitze eines Zeichens, das die entsprechende Angelegenheit repräsentiert. So werden Partner z.B. vom 7. Haus repräsentiert. Fällt nun die Spitze des 7. Hauses in den Löwen, dann ist dessen Herrscherplanet Sonne der Signifikator für den Partner

Sinister – siehe unter dem Stichwort dexter/sinister.

Spitze – die Trennungslinie zwischen einem Haus (oder einem Zeichen) und dem nächst folgenden. Planeten an der Spitze wird eine stärkere Wirkkraft zugesprochen als solchen, die sich davon wegbewegen.

Sterile Zeichen – Zwillinge, Löwe, Jungfrau gelten als sterile Zeichen und sind nicht förderlich für die Fruchtbarkeit. Widder, Schütze und Wassermann gelten als sehr steril. Bei der Prognose können diese Zeichen Schwierigkeiten bei der Empfängnis von Kindern andeuten oder die Aussicht auf nur wenige Kinder, falls sie an der Spitze des 5. Hauses stehen. Diese Zeichen haben meistens einen austrocknenden Einfluss.

Stundenastrologie – ein Gebiet der Astrologie, dass die ausführliche Ergründung von bestimmten Fragen anstrebt und dazu ein Horoskop verwendet, das der Astrologe auf den Zeitpunkt der Fragestellung errechnet hat. Die Formulierung der Frage wird als die eigentliche Manifestation des Problems verstanden, das man dann nach astrologischen Regeln ähnlich erforscht; wie man für ein Geburtshorskop das zugehörige Lebenspotenzial untersucht.

Stundenkreise – eine Einteilung von je 15° der Rektaszension (das Maß entlang des Äquators). Die Erde benötigt je eine Stunde von einem zum nächsten Stundenkreis. Sie dreht sich am Tag 360° in 24 Stunden um sich selbst (360/24 = 15).

Sukzedente Häuser – die nachfolgenden Häuser, also jene Häuser, die in Richtung der Tagesbewegung nach den kardinalen Häusern stehen, also das 2., 5., 8. und 11. Haus. Sie gelten als Orte mittelmäßiger Stärke.

Tagesbewegung (Tagesrevolution) – Die sichtbare Himmelsbewegung, welche die Planeten vom Osthorizont über die Himmelsmitte bis zum Untergang im Westen führt und wie wir es von unserem scheinbar stationären Standpunkt aus wahrnehmen. Man nennt dies auch die „Primärbewegung".

Taghälfte – Die Hemisphäre über dem Horizont, welche das 7., 8., 9., 10., 11. und 12. Haus umfasst.

Tag- oder Nachthoroskop – bei einem Taghoroskop steht die Sonne in der Taghälfte. Steht die Sonne über dem Horizont, so zeigt dies an, dass der Betreffende bei Tag geboren ist und folglich zur Tag-Sektion gehört. In einem Nachthoroskop steht die Sonne unter dem Horizont. Der Betreffende ist also bei Nacht geboren und gehört zur Nacht-Sektion. Bei vielen alten Techniken (Firdaria, arabische Punkte, Triplizitäten usw.) imuss man wissen, ob ein Tag- oder ein Nachthoroskop vorliegt, um die korrekten Formeln oder Würden zugrunde legen zu können.

Tag-Sektion – siehe unter „Sektion".

Tierische (animalische) Zeichen – die Tierkreiszeichen, die von Vierbeinern repräsentiert werden. Widder, Stier, Löwe, Schütze und Steinbock. Sie werden auch vierfüßige Zeichen genannt. Diesen Zeichen kann es an sozialem Charme mangeln, und sie haben den Ruf, in ihrem Gefühlsleben tierische Reaktionen an den Tag zu legen, was sich in Grobheit, Unverständlichkeit und einem geringen Verständnis für Höflichkeit äußert.

Triplizität – die Anordnung der Zeichen in vier Gruppen, die durch die gleichen Qualitäten verbunden sind und im Horoskop ein Dreieck ergeben. Sie entsprechen den Elementen Feuer, Wasser, Erde und Luft. Zeichen in der gleichen Triplizität sind harmonisch zueinander. Frühe Quellen ordnen jeder Triplizität drei Planentenherrscher zu. Einer hatte Vorrang über den Tag, einer herrschte über die Nacht und einer herrschte über beide. Man verwendete diese Herrscher auch, um über Anfang, Höhepunkt und Ende einer Sache zu urteilen. Mit der Zeit wurde der dritte Herrscher aber nach und nach weggelassen, so dass heute meist nur noch zwei Herrscher gebräuchlich sind.

Tugend – der Begriff wird manchmal zur Beschreibung für den Einfluss oder die wirksame Stärke eines Planeten verwendet.

Übeltäter – dies sind die Planeten, denen man die Fähigkeit zuschreibt, ein positives Ergebnis negativ beeinflussen zu können. Unter normalen Voraussetzungen gelten Mars und Saturn als die natürlichen Übeltäter aufgrund ihrer unbeherrschten Natur. Traditionell gilt Saturn als der große Übeltäter und Mars als der kleine Übeltäter. Oft zitieren die alten Texte den südlichen Mondknoten ebenfalls als einen Repräsentanten für Minderung und bezeichnen ihn deswegen als Übeltäter. Auch die Einflüsse der äußeren Planeten Uranus, Neptun und Pluto werden tendenziell als unheilvoll angesehen. Siehe auch das Stichwort „Wohltäter."

Über der Erde – Planeten über dem Horizont, z.B. ein Planet im 12., 11., 10., 9., 8. oder 7. Haus. In vielen Horoskopen wird es günstig angesehen, wenn Sonne, Mond oder die Mehrheit der Planeten „über der Erde" stehen. Dies kann z.B. bei einem Stundenhoroskop zu einem Diebstahl der Fall sein, wo eine derartige Stellung anzeigen kann, dass die verborgenen Faktoren wahrscheinlich ans Licht kommen. Oder es ist bei einem Horoskop der Fall, das sich um ein Schiff in Seenot dreht. Hier erhöht diese Stellung die Wahrscheinlichkeit, dass das Schiff nicht untergeht.

Übertragung des Lichts – diese ereignet sich, wenn ein unterer Planet zwar noch im Orbis des Planeten steht, von dem er sich wegbewegt, zugleich aber auch schon im Orbis eines kommenden Aspekts. Dadurch ist er imstande, den Einfluss des vorhergehenden Planeten auf den folgenden zu übertragen und zwischen beiden eine Verbindung herzustellen. Dies trifft am häufigsten auf den Mond zu wegen seiner schnellen Bewegung zwischen den Planeten. In der Deutungspraxis wird darin oft eine Vermittlungsposition gesehen.

Untere / obere Planeten – siehe bei "obere Planeten".

Unter der Erde – bezeichnet die Planeten unter dem Horizont, also Planeten in den Häusern 1 bis 6. Planeten im 1. Haus sind davon weniger stark betroffen, da sie sich aufgrund der täglichen Rotation auf den Aszendenten zubewegen. Steht ein Planet unter der Erde, ist er nicht am Himmel sichtbar. So stehen diese für verlorene Gegenstände, nicht zu entschlüsselnde Motive, Fakten, die sich nicht ans Licht bringen lassen, oder für etwas, das „vergraben" ist (z.B. ein verlorener Schatz).

Verbrennung – auch Kombustion. Ein Planet gilt als verbrannt, wenn er in Konjunktion mit der Sonne steht. Deswegen wird er durch das Licht der Sonne überstrahlt und ist nicht sichtbar. In der Regel gilt dies als eine ernsthafte Verletzung. Es besagt, dass der Planet geschwächt ist und nur eingeschränkte Kräfte hat. Das zeigt oft jemanden an, der sich fürchtet oder überfordert fühlt, oder es repräsentiert Dinge, die verborgen und nicht sichtbar sind. William Lilly sagt, dass der verbrannte Planet im gleichen Zeichen stehen sollte wie die Sonne und nur 8°30' hinter der Hausspitze, aber höchstens bis zu 17° von der Sonne entfernt, damit man sagen kann, ein Planet sei unter den Strahlen der Sonne. Dieser Zustand gilt als geschwächt, aber nicht so nachteilig wie die Verbrennung. Siehe auch "Heliakalischer Aufgang".

Via Combusta – der Bereich zwischen 15° Waage und 15° Skorpion. Der Begriff bezieht sich auf eine glühende Straße oder einen verbrannten Weg. Der Bereich gilt als schädlich und schwächend. Besonders abträglich ist der Bereich für den Mond. Die Grundlage für die ungünstige Beurteilung dieser Zone hängt wohl mit einer frühen Verbindung mit unheilvollen Fixsternen zusammen, so z.B. mit den Scheren des Skorpions. Ebenso bedeutsam ist die Tatsache, dass die Sonne in der Waage im Fall ist – sie verliert ab der Herbst-Tagundnachtgleiche an Kraft. Der Mond ist im Skorpion im Fall. Die beiden Übeltäter stehen stark, denn Saturn hat in der Waage seine Erhöhung, Mars herrscht im Skorpion.

Void oder void of course – siehe unter dem Stichwort "Leerlauf".

Weiblich – siehe bei "männlich/weiblich".

Westlich/Östlich – in alten Texten auch okzidental oder oriental. Wird meist in Bezug auf die Häuser oder die Kardinalpunkte verwendet. Wenn ein „Planet als östlich im Horoskop“ beschrieben wird, dann bedeutet dies, dass er näher am Aszendenten steht, welcher der Ostpunkt ist, während „westlich im Horoskop“ eine Stellung näher am Deszendenten beschreibt, wo die Planeten im Westen untergehen.
Wendet man den Begriff jedoch auf Planeten oder Sterne an, dann bedeutet okzidental „in der Sonne untergehen“ und oriental meint „in der Sonne aufgehen“. Für gewöhnlich versteht man darunter, dass ein östlicher Planet vor der Sonne aufgeht, während ein westlicher Planet nach der Sonne untergeht. Werden die oberen Planeten in diesem Sinne als östlich definiert, dann beginnen sie einen neuen Sonnenzyklus, sie hatten vor kurzem ihren heliakischen Aufgang und gelten als mit starken Würden ausgestattet. Dies ist aber bei Merkur und Venus nicht unbedingt der Fall, Auf den Mond trifft dies überhaupt nicht zu, da er immer linker Hand der Sonne aufgeht. Deshalb haben diese Planeten, auch wenn sie östlich stehen, keine Würden.

Westhemisphäre – die westliche, absteigende Hälfte des Horoskops, welche die Häuser 4, 5, 6, 7, 8 und 9 umfasst.

Westlicher Quadrant – der Quadrant des Horoskops, der sich in der Nähe des Westhorizonts befindet und die Häuser 4, 5 und 6 umfasst.

Wohltäter – auch Glücksplaneten genannt. Diese Planeten können zu einem günstigen Ergebnis führen. Unter normalen Umständen gelten Jupiter und Venus aufgrund ihrer gemäßigten Art als natürliche Wohltäter. Jupiter wird als der große Wohltäter bezeichnet, Venus als die kleine Wohltäterin. Viele traditionelle Texte betrachten auch den nördlichen Mondknoten als Repräsentanten für Zuwachs und nennen ihn deswegen ebenfalls einen Wohltäter. Siehe auch das Stichwort „Übeltäter".

Würden und Schwächen – Faktoren, welche die Stärke eines Planeten vermehren, werden Würden genannt. Solche, die den Planeten entkräften, werden Schwächen genannt. Man bezeichnete diese als „essenziell", wenn sie sich auf eine Tierkreisposition beziehen. Beziehen sie sich auf etwas anderes, nennt man sei „akzidentiell". Folglich ist der Vorteil, der einem Planeten aufgrund seiner Stellung im eigenen Zeichen zukommt, oder wenn er in Erhöhung steht, eine essenzielle Würde. Der Nachteil, wenn er im Exil oder im Fall steht, gilt als ein essenzielle Schwäche. Verbrennung und alles, was mit Aspekten und den Bezügen zu den Kardinalpunkten und den Achsen oder der Häuserstellung zu tun hat, bezeichnet man als akzidentielle Würden oder Schwächen.

Zenit – der Punkt direkt über dem Kopf des Beobachters, der immer im rechten Winkel zum Horizont steht.

Zodiak – ein Gürtel von 8° oder 9° Breite zu beiden Seiten der Ekliptik, auf dem sich Sonne, Mond und die Planeten bewegen.

Anhang B: Die Planetenstunden

Jeder Wochentag ist nach einem der sieben Planeten benannt und steht symbolisch mit diesem in Verbindung:, Der Planet übernimmt auch die astrologische Herrschaft über die Belange des betreffenden Tages.

Nr.	Planet	Tag
1	Sonne	Sonntag
2	Mond	Montag
3	Mars	Dienstag (entspricht dem germanischen Gott Tyr oder Tiw)
4	Merkur	Mittwoch (entspricht dem germanischen Gott Odin oder Wodan)
5	Jupiter	Donnerstag (entspricht dem germanischen Gott Thor)
6	Venus	Freitag (entspricht der germanischen Göttin Freya oder Frigg)
7	Saturn	Samstag

Viele Menschen nehmen fälschlicherweise an, dass die Woche am Montag beginne, aber der erste Wochentag ist der Sonntag und Samstag ist der siebte Tag. Aus diesem Grund halten die Juden noch heute den Sabbat als einen Tag des Gebets und der Ruhe.

Die Ordnung der Wochentage ist ein sorgfältig konstruiertes Schema. Die männlichen Planeten Sonne, Mars, Jupiter und Saturn sind mit den ungeraden Wochentagen verbunden und stimmen somit mit den pythagoreischen Prinzipien überein, wonach ungerade Zahlen männliche Merkmale zeigen - aus sich herausgehen, aktiv, stark und direkt sein. Gerade Zahlen symbolisieren die weiblichen Eigenschaften der Introversion, der Ganzheitlichkeit, der Feinsinnigkeit und der Komplexität. In der Antike ging man davon aus, dass die mit ungeraden Zahlen gezählten Tage mehr positive Aktivität erzeugen als die mit geraden Zahlen gezählten Tage, so dass die „weiblichen Tage" selten für religiöse Feiern oder öffentliche Feste verwendet wurden.

Die alten Ägypter waren die ersten Pioniere, was unseren Kalender anbelangt. Sie hielten Gottesdienste bei Sonnenaufgang ab, wo es für einen Teil der Priester Pflicht war, die Planetengottheit des Tages anzurufen. Dieser Planet wurde als eine Art himmlischer Schutzgott für den ganzen Tag angesehen. Auch jede Stunde hatte einen eigenen zweiten planetaren Herrscher. Der Tag korrespondierte mit dem Tageslicht, so dass jeder neue Tag mit dem Sonnenaufgang begann und mit Sonnenuntergang endete. Entsprechend fing die Nacht bei Sonnenuntergang an und endete mit dem Sonnenaufgang.

Der Planetenherrscher des Tages regiert immer auch über die erste Planetenstunde des Tages, welche mit dem Sonnenaufgang beginnt. So regiert die Sonne immer die erste Stunde nach Sonnenaufgang am Sonntag, der Mond die erste Stunde am Montag usw. In jeder nachfolgenden Stunde wechseln sich die Planeten gemäß dieser Reihenfolge ab: Mond, Saturn, Jupiter, Mars, Sonne, Venus und Merkur.

Nach der achten Planetenstunde geht die Herrschaft wieder an Tagesplaneten, und das Schema wiederholt sich. Aus diesem Grund hielten die Ägypter in der achten Stunde des Tages ebenfalls einen Gottesdienst ab, um zu feiern, dass der Planetengott wieder zu seiner ganzen Kraft gekommen war.

Die Ordnung der Planetenreihe, nach der die Stundenherrscher jeweils regieren, wird aus der abnehmenden Geschwindigkeit und der Erdnähe der Planeten abgeleitet. Es gilt also die Reihe Mond, Merkur, Venus, Sonne, Mars, Jupiter und Saturn. Der innere Kreis der Abbildung 24 zeigt, wie diese miteinander im Siebenstern verbunden sind. Die Pfeile im Innenkreis verbinden die Planeten in der Reihenfolge der Wochentage. Außen sind die Planeten in der Abfolge der Planetenstunden (im Gegenuhrzeigersinn) angeord net.

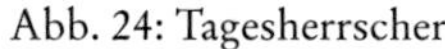

Abb. 24: Tagesherrscher

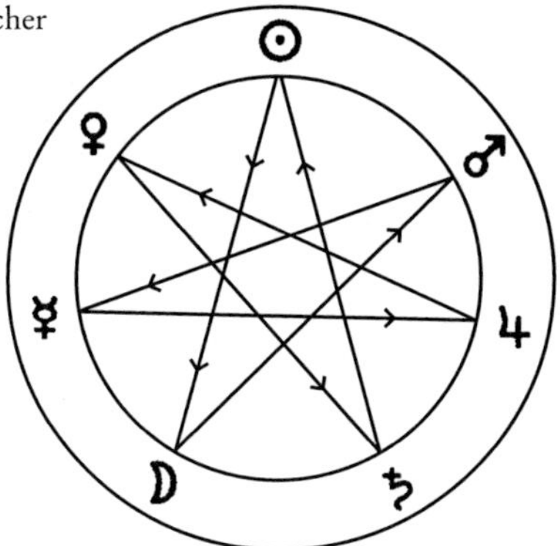

Die Planeten sind gemäß ihrer Geschwindigkeit im Kreis angeordnet. In dieser Abfolge finden wir sie auch als Herrscher in dem traditionellen System der „Dekane“ oder „Gesichter“ verwendet wird. In Ptolemäus Tabelle der essentiellen Würden finden wir die

Die essentiellen Würden nach Ptolemäus

Zeichen	Domizil	Erhöhung	Triplizität T / N	Die Grenze der Planeten					Die Gesichter			Exil	Fall	Zeichen
♈	♂ T	☉ 19	☉ ♃	♃ 6	♀ 14	☿ 21	♂ 26	♄ 30	♂ 10	☉ 20	♀ 30	♀	♄	♈
♉	♀ N	☽ 3	♀ ☽	♀ 8	☿ 15	♃ 22	♄ 26	♂ 30	☿ 10	☽ 20	♄ 30	♂		♉
♊	☿ T	☊ 3	♄ ☿	☿ 7	♃ 14	♀ 21	♄ 25	♂ 30	♃ 10	♂ 20	☉ 30	♃		♊
♋	☽ N/T	♃ 15	♂ ♂	♂ 6	♃ 13	☿ 20	♀ 27	♄ 30	♀ 10	♀ 20	☽ 30	♄	♂	♋
♌	☉ N/T		☉ ♃	♄ 6	☿ 13	♀ 19	♃ 25	♂ 30	♄ 10	♃ 20	♂ 30	♄		♌
♍	☿ N	☿ 15	♀ ☽	☿ 7	♀ 13	♃ 18	♄ 24	♂ 30	☉ 10	♀ 20	☿ 30	♃	♀	♍
♎	♀ T	♄ 21	♄ ☿	♄ 6	♀ 11	♃ 19	☿ 24	♂ 30	☽ 10	♄ 20	♃ 30	♂	☉	♎
♏	♂ N		♂ ♂	♂ 6	♃ 14	♀ 21	☿ 27	♄ 30	♂ 10	☉ 20	♀ 30	♀	☽	♏
♐	♃ T	☋ 3	☉ ♃	♃ 8	♀ 14	☿ 19	♄ 25	♂ 30	♀ 10	☽ 20	♄ 30	☿		♐
♑	♄ N	♂ 28	♀ ☽	♀ 6	☿ 12	♃ 19	♂ 25	♄ 30	♃ 10	♂ 20	☉ 30	☽	♃	♑
♒	♄ T		♄ ☿	♄ 6	☿ 12	♀ 20	♃ 25	♂ 30	♀ 10	☿ 20	☽ 30	☉		♒
♓	♃ N	♀ 27	♂ ♂	♀ 8	♃ 14	☿ 20	♂ 26	♄ 30	♄ 10	♃ 20	♂ 30	☿	☿	♓

jeweiligen Planetenherrscher in den Gesichtern angeordnet in absteigender Reihenfolge entsprechend ihrer Erdnähe. Also Saturn, Jupiter, Mars, Sonne, Venus, Merkur und Mond. Liest man ihre Zuordnung nicht waagrecht, sondern nach Spalten, dann findet man eine Ordnung nach den Wochentagen: Sonne, Mond, Mars, Merkur, Jupiter, Venus und Saturn.

Die Berechnung der Planetenstunde

Erinnern wir uns, dass der planetare Tag mit dem Sonnenaufgang beginnt, also nicht um Mitternacht wie in unserem bürgerlichen Kalender. Die astrologische Nacht beginnt mit dem Sonnenuntergang. Da die Tages- bzw. Nachtlänge entsprechend der Jahreszeiten variiert, sind auch die astrologischen Stunden während des Jahres von unterschiedlicher Länge. Im Sommer sind die Tagesstunden länger als die Nachtstunden und umgekehrt.

Man berechnet die Länge der Stunden, indem man den Zeitpunkt von Sonnenaufgang und Sonnenuntergang notiert und die Differenz durch zwölf teilt. Auf dieselbe Weise werden die Nacht-

Tabelle der Stundenherrscher

Tag	Tagstunden (Sonnenaufgang – Sonnenuntergang)												Nachtstunden (Sonnenuntergang – Sonnenaufgang/											
	1	2	3	4	5	6	7	8	9	10	11	12	1	2	3	4	5	6	7	8	9	10	11	12
So	☉	♀	☿	☽	♄	♃	♂	☉	♀	☿	☽	♄	♃	♂	☉	♀	☿	☽	♄	♃	♂	☉	♀	☿
Mo	☽	♄	♃	♂	☉	♀	☿	☽	♄	♃	♂	☉	♀	☿	☽	♄	♃	♂	☉	♀	☿	☽	♄	♃
Di	♂	☉	♀	☿	☽	♄	♃	♂	☉	♀	☿	☽	♄	♃	♂	☉	♀	☿	☽	♄	♃	♂	☉	♀
Mi	☿	☽	♄	♃	♂	☉	♀	☿	☽	♄	♃	♂	☉	♀	☿	☽	♄	♃	♂	☉	♀	☿	☽	♄
Do	♃	♂	☉	♀	☿	☽	♄	♃	♂	☉	♀	☿	☽	♄	♃	♂	☉	♀	☿	☽	♄	♃	♂	☉
Fr	♀	☿	☽	♄	♃	♂	☉	♀	☿	☽	♄	♃	♂	☉	♀	☿	☽	♄	♃	♂	☉	♀	☿	☽
Sa	♄	♃	♂	☉	♀	☿	☽	♄	♃	♂	☉	♀	☿	☽	♄	♃	♂	☉	♀	☿	☽	♄	♃	♂

Tabelle der essentiellen Würden

stunden anhand der Differenz zwischen Sonnenuntergang und Sonnenaufgang berechnet.

Die erste Planetenstunde erhält den Tagesherrscher auch als Stundenherrscher. Den übrigen Stunden ordnet man die Herrscher gemäß der Tabelle zu. Der Tag endet mit dem Sonnenaufgang des nächsten Tages.

Beispielsrechnung für Samstag, den 10. Juli 2004, London

Sonnenaufgang 4:02 Uhr, Sonnenuntergang 20:08 Uhr. Am nächsten Tage geht die Sonne um 4:03 Uhr auf (Sonntag 11. Juli). Zunächst berechnen wir die Zeitdifferenz zwischen Sonnenaufgang und Sonnenuntergang am 10. Juli.

= (12:00 – 4:02) + 8:08
= 7:58 + 8:08
= 16:06 Stunden
oder
20:08 – 4:02 = 16:06

Nun wandeln wir die Zeit in Minuten um: 16 x 60 = 960
Wir addieren die noch fehlenden 6 Minuten = 966
Wir teilen durch 12, um die Länge der jeweiligen Stunde zu erhalten: 966/12 = 80,5

Jede Planetenstunde dauert 80½ Minuten, also 80 Minuten und 30 Sekunden oder 1 Stunde 20 Minuten und 30 Sekunden. Diese Zeit addiert man zur Zeit des Sonnenaufgangs.

Sonnenaufgang 4:02 Uhr. Es ist Samstag, also gehört die erste Planetenstunde Saturn.

4:02 + 1 Stunde, 20 Minuten, 30 Sekunden = 5:22:30 Uhr.
Die zweiten Planetenstunde beginnt um 5:22:30 Uhr und wird Jupiter zugeordnet.
5.22 Uhr + 1 Stunde, 20 Minuten, 30 Sekunden = 6:43 Uhr.

Hier die übrigen Planetenstunden:

Stunde	Beginn	Zugeordneter Planet
3	6:43	Mars
4	8:03:30	Sonne
5	9:24	Venus
6	10:44:30	Merkur
7	12:05	Mond
8	13:25:30	Saturn
9	14:46	Jupiter
10	16:06:30	Mars
11	117:27	Sonne
12	18:47:30	Venus

Nun berechnen wir die Dauer der Nachtstunden.

Bestimmen Sie den Zeitunterschied zwischen dem Sonnenuntergang am 10.Juli und dem Sonnenaufgang am . Juni um 4:03 Uhr.
= (24.00 - 20:08) + 4:03
= 3:52 + 4:03
= 7:55 Stunden
Ergibt in Minuten umgerechnet (7x 60) =420
Dazu die noch verbleibenden 55 Minuten = 475 Minuten

Um die Dauer einer Planetenstunde bei Nacht zu erhalten teilt man 475/12 = 39,58 Minuten (oder 39 Minuten und 35 Sekunden.

Jeden Planetenstunde dauert also 39 Minuten und 35 Sekunden.
Der Sonnenuntergang findet um 20:08 statt. Venus herrschte über die letzte Tagstunde. Wir fahren in der Reihe mit dem folgenden Stundenherrscher Merkur fort.
Die erste Nachtstunde beginnt um 20:08 und wird von Merkur regiert.
20:08 Uhr + 39 Minuten 35 Sekunden = 20:47:35 Uhr

Die zweite Planetenstunde beginnt um 20:47:35 Uhr unter der Herrschaft des Mondes
20:47:35 Uhr + 39 Minuten 35 Sekunden = 21:27:10 Uhr

Stunde	Beginn	Zugeordneter Planet
3	21:27:10	Saturn
4	22:06:45	Jupiter
5	22:46:20	mars
6	23:25:55	Sonne
7	00:05:30	Venus
8	00:45:05	Merkur
9	1:24:40	Mond
10	2:04:15	Saturn
11	2:43:50	Jupiter
12	3:23:25	Mars

Addieren wir 39 Minuten und 35 Sekunden dazu, dann erhalten wir 4:03 als Ende der zwölften Stunde – der Zeitpunkt für den Sonnenaufgang am 11. Juni, mit dem zugleich ein neuer planetarer Tag beginnt. Die Planetenherrscher werden in der bekannten Reihenfolge fortgeschrieben, die erste Stunde wird also von der Sonne regiert, da es sich um einen Sonntag handelt.

Anhang C: Al Birunis Ratschlag zur Ermittlung der Geburtszeit

Entnommen aus: *Book of Instruction in the Elements of the Art of Astrology* von Abu'l Rayhan Muhammad Ibn Ahmad Al Biruni, geschrieben in Ghaznah im Jahr 1029 n. Chr., ins Englische übersetzt von R. Ramsay Wright, London 1934.

Kapitel 524: Verfahren bei einer Nativität

Ist das Kind geboren, so muss man die Höhe der Sonne nehmen, wenn es eine Taggeburt ist und den Aszendenten und seinen Grad ausarbeiten. Dies ist das Horoskop des Geborenen. Ist er bei Nacht geboren, so nehme man die Höhe eines gut bekannten Fixsterns. Man befasse sich nicht mit den Planeten, denn diese werden einen nur in Schwierigkeiten bringen, und dasselbe gilt für den Mond, denn ihn heranzuziehen wäre ein Fehler, außer es geht nicht anders. Sollten die Bedingungen bei Tag und bei Nacht so sein, dass man infolge von Wolken oder ähnlichem keine Beobachtungen anstellen kann, dann bleibt nur die Bestimmung der Zeit.

Wenn man weiß, wie viel Zeit des Tages oder der Nacht bereits vergangen ist, kann der Aszendent mittels der beschriebenen Methode berechnet werden. Der Betrag der bereits verstrichenen Uhrzeit kann auf zweierlei Weise festgelegt werden. Zum einen kann man eine Wasseruhr verwenden oder ein anderes Gerät zur Zeitmessung, wobei die Uhr auf Sonnenaufgang, Sonnenuntergang oder einen ähnlichen Fixpunkt gestellt werden sollte. Sobald die Geburt stattfindet, sollte man die Zeit notieren. Die andere Methode besteht darin, die Uhr dann zu stellen, wenn die Geburt stattfindet, und die Uhr so lange zu beobachten, bis man die Höhe der Sonne oder eines Fixsterns erfassen kann. Es ist dann möglich, die exakte Zeit zu erhalten, indem man von dort die Anzahl der Stunden zurückrechnet.

Steht keine Uhr zur Verfügung, benötigt man lediglich ein Gefäß mit Wasser, in dessen Boden man ein Loch beliebiger Größe bohrt. Wenn das Kind geboren wird, kann man auf eine der folgenden Weisen verfahren. Zunächst gibt man Wasser in die Schale und lässt es dann unten heraus. Wählt man diese erste Methode, dann füllt man das Gefäß mit Wasser und beobachtet gleichzeitig, wie der Wasserspiegel steigt und sinkt. Dann füllt man das Gefäß unverzüglich wieder und zählt die Anzahl der Vorgänge. Dies wiederholt man so lange, bis die Sonne oder der Stern sichtbar werden. Dann muss man eine Markierung an der Stelle setzen, die das Wasser zuletzt erreicht hat, um den Bruchteil zu ermitteln, um den der Wasserspiegel gesunken war. Danach misst man die Höhe erneut und legt die Anzahl der Stunden fest, seit die Schale zum zweiten Mal in das Wasser gebracht wurde. Von da ab rechnet man den gleichen Zeitanteil seit dem Aufgang der Sonne zurück, wodurch man die Geburtszeit erhält.

Entscheidest Du Dich für die zweite Methode, dann stelle die Schale auf einen Dreifuß, nimm einen Krug Wasser und fülle die Schale. Ist alles Wasser versickert, dann fülle erneut auf und zähle die Anzahl der Krüge, die Du eingeschüttet hast, seit der Stern oder die Sonne sichtbar wurde. Ist noch Wasser in der Schale, setze eine Markierung und verfahre wie vorher bei der Festlegung des Zeitpunktes.

Kapitel 525: Keine Geburtszeit – die Verwendung des Animodar

Wurde die Zeit der Geburt nicht festgehalten, dann liegt die Festlegung der Geburtszeit außerhalb der Möglichkeiten der Wissenschaft, denn es gibt keine Möglichkeit, diese in Erfahrung zu bringen. Aber hochgeschätzte Astrologen stellen Vermutungen über kleine Unterschiede im Aszendentenzeichen an und finden auf diese Weise einen Weg, indem sie einen Indikator verwenden, der ihnen den Grad liefert, den sie für den Aszendenten halten. Am gebräuchlichsten ist der von Ptolemäus, der zwar nicht den exakten Grad bekannt gibt, aber den bestmöglichen Ersatz. Es geht bei der Methode darum, die mitgeteilte Geburtszeit so genau wie möglich zu ermitteln und damit den Aszendenten, die Hauptachsen und die Position der sieben Planeten festzulegen. Man sucht den Grad der Konjunktion des Mondes mit der Sonne vor der Geburt, wenn diese in der ersten Hälfte des Monats war oder den Grad der Opposition von Sonne und Mond vor der Geburt, wenn diese sich in der zweiten Hälfte des Monats ereignete.[164] Sodann lege fest, welcher Planet die meisten Würden empfängt, dann den in der Zahl der Würden folgenden usw., und halte die Ergebnisse fest. Der wichtigste Zeuge steht im Aspekt zu diesem Grad. Haben zwei Planeten die gleiche Anzahl an Würden inne, dann ist der mit einem Aspekt vorzuziehen. Dann untersuche, welcher der Planeten mit vielen Würden am nächsten bei einer Achse steht, indem Du die Anzahl der Grade zählst. Anschließend verschiebe die Achse auf den Grad des nächstgelegenen Planeten und ziehe den Aszendenten davon ab. Sind die Abstände der beiden Planeten zu den Achsen sehr groß, dann nimm den in der Reihenfolge der Würden als nächsten kommenden Planeten und untersuche die anderen, die den Achsen am nächsten kommen, und verfahre, wie oben beschrieben.

Es gibt Astrologen, die der tatsächlichen Entfernung oder der Nähe zu einer Achse keine Bedeutung beimessen und einfach nur den Grad des Planeten mit den meisten Würden als Ecke verwenden, um den Aszendenten abzuleiten. Sie passen aber dessen Grad nicht dem des Planeten an. Sie verfahren anschließend, wie beschrieben.

---

[164] Anmerkung des Übersetzers: Gemeint ist der Neumond vor der Geburt, bzw. der Vollmond vor der Geburt.

Literatur

Al Biruni, *The Book of Instruction in the Elements of the Art of Astrology*. London, 1934.

Antiochus, *The Thesaurus*. Berkeley Springs, 1993.

Baigent, M., Campion, N. und Harvey, C., *Mundan-Astrologie – Handbuch der Astrologie des Weltgeschehens*. Wettswil 1989

Barclay, O., *Horary Astrology Rediscovered*. West Chester PA, 1990.

Bonatti, G., *The Astrologer's Guide: Anima Astrologiae*, übers. H. Coley, 1676. London, 1986 (Faksimilie).

Bonatti, G., *Liber Astronomiae*. Cumberland MD, 1995.

Cardan, J., The Book of My Lift (De vita propria liber), tr. Jean Stoner. New York: E. P. Dutton & Co., 1930. (deutsch: Des Girolamo Cardano von Mailand eigene Lebensbeschreibung, Tübingen 2013).

Carter, C., *An Introduction to Political Astrology*: Mundane Astrology. London, 1951.

Culpeper, N., *Semeiotica Uranica: Or an Astrological Judgement of Diseases from the Decumbiture of the Sick muck Enlarged.* London, 1658.

Dariot, C., A *Brief and Most Easie Introduction to the Judgement of the Stars*, 1583. Nottingham, 1998 (Faksimile).

Davis, M., *Local Space: A Guide to What it is and How to Use it.* Bournemouth 1989; (erweiterte Neuausgabe: *Astrolocality Astrology: A guide to what it is and how to use it*,. Bournemouth, 1999).

Erlewine, M. and M., *Astrophysical Directions*. Ann Arbor 1977.

Evans, C., *New Waite's Compendium of Natal Astrology*; revised by B.E.F. Gardner. London, 1985.

Ezra, Ibn, *The Beginning Of Wisdom*. Baltimore, 1939.

Firmicus Matermus, *Die acht Bücher des Wissens – Matheseos Libri VIII*. Tübingen 2008.

Gauquelin, M., *Die Uhren des Kosmos gehen anders*. Bern, München, Wien, 1975

Goldstein-Jacobson, I., *Simplified Horary Astrology*. Selbstverlag, 1960.

Hand, R., "A Study in Early House Division", in: *AA Journal*. London, July, 1997.

Holden, R., *Astrologische Häusersysteme – Entstehung, Berechnung, Bewertung*. Tübingen 2006.

Jones, P., "Celestial and Terrestrial Orientation" in: *History and Astrology: Clio and Urania Confer*, ed. A. Kitson. London, 1995.

Lilly, W., *Christian Astrology*. Facs. London, 1985.

Lilly, W., *Christliche Astrologie Band 1 und Band 2*, Tübingen, 2007 und 2008

Lindsay, J., *The Origins of Astrology*. London 1971.

Lovatt, S., "The Local Space Chart" in: *Astrology Quarterly Journal of the Astrological Lodge of London*, Vol. 62, no.4. London, 1992.

Manilius, M., *Astronomica –Astrologie*. Stuttgart, 1990.

McCann, D., "The Problem of Domification, Part 2"; in: *The AA Journal* Vol. 38, no.6, Nov-Dec, 1996.

Morinus, J. B., "*Comments on House Division in Remarques Astrologiques", A.F.A. Journal of Research* 6, no. 2, Tempe, AZ, 1990.

Morinus, J. B., *The Cabal of the Twelve Houses Astrological* (übersetzt von George Wharton 1659) Nottingham 1995 (Faksimile).

Munkasey, M., *An Astrological House Formulary*, NCGR Website, (24/11/01) <http://geocosmic.org/HouseArticle.html>

Negus, K., *Kepler's Astrology: Excerpts*. Princeton, 1987.

Neugebauer, O. & Van Hoesen, H.B., *Greek Horoscopes*, Philadelphia, 1959.

North, J. D., *Horoscopes and History*. London, 1986.

Parker, D. & J., *The New Complete Astrologer*. London, 1971.

Pelletier, R., *Planets in Houses*. Maine, 1978.

Placido de Titis, *Primum Mobile*, London, 1814, Neuausgabe London 1983 /Faksimile).

Plinius. *Naturkunde Bd. I – Kosmologie*. Düsseldorf 2008
Ptolemäus, C., *Tetrabiblos*, Tübingen, 1997.
Ramesey, W., *Astrologia Restaurata*. London, 1653.
Raphael, *Mundane Astrology*. London, 1931.
Ridder-Patrick, J., *Praktische Astro-Medizin*. Wettswil, 1992.
Rosenberg, D., World Mythology: An Anthology of the Great Myths and Epics. London, 1986.
Rudhyar, D., *Das Astrologische Häusersystem*. München, 1993.
Sasportas, H., *Astrologische Häuser und Aszendenten*. München 2000.
Schmidt, R., "House Division, Planetary Strength, and Cusps in Hellenistic Astrology" in: *Claudius Ptolemy: Tetrabiblos Book III*. Washington, 1998.
Simmonite, WJ., *Horary Astrology: the Key to Scientific Prediction*. London, 1896.
Wackford, M., "Placido and the semi-arc method of house division", in: *The Traditional Astrologer Magazine*, issue 7. Nottingham, 1994.
Wackford, M., "The Polar Horoscope"' in: *Correlation: Journal of Research into Astrology*, Vol. 19 (2) pp.54-61: 2001.
Wackford, M., 'Polar Houses' in: *Correlation: Journal of Research into Astrology*, Vol. 21 (1) pp.7-13: 2002/3.a
Wackford, M., "Polar Arcs" in: *Correlation: Journal of Research into Astrology*, Vol. 21 (1) pp.14-21: 2002/3b
Wackford, M., "Polar Meridians" in: *Correlation: Journal of Research into Astrology*, Vol. 21 (2) pp.22-36: 2003.
Wackford, M., "Global Horoscopes" in: *Correlation: Journal of Research into Astrology*, Vol. 23 (1) pp.45-63: 2005.
Watters, B., *Horary Astrology and the Judgment of Events*. Washington, 1973.

Standardwerke der Astrologie

OSCAR HOFMANN

Die Fixsterne im Horoskop

Mythologie, Mondhäuser und Konstellationen

317 Seiten, Hardcover, 60 Abbildungen
ISBN 978-3-89997-238-2

Für die Betrachtung der Fixsterne haben die Sternbilder und die mit diesen verbundenen mythologischen Geschichten eine zentrale Bedeutung. Denn darin zeigt sich, mit welcher Situation der Horoskopeigner verwoben ist. Die Fixsterne berühren das Horoskop und das Leben durch die Konjunktion mit einem Planeten, einer Hausspitze oder einem arabischen Punkt. Oscar Hofman zeigt die Wege der Deutung und beschreibt alle Konstellationen. Ebenso behandelt er die wichtigsten Einzelsterne und deren Wirkungen. Auch die sogenannten Mondhäuser sind eng mit den Fixsternen verbunden und werden in die Deutung integriert. Abgerundet wird das Buch durch 25 ausführliche Fallstudien und einen praktischen Anhang mit allen Fixsternen.

Egal welche Art der Horoskopdeutung man für sich bevorzugt, ob klassisch oder modern, ob psychologisch oder realistisch, ob tropisch oder siderisch, dieses Buch lohnt sich auf jeden Fall, da es das eigene Deutungsspektrum erweitert und vor allem bereichert.

Meridian 3-2016

Klassiker der Astrologie

JULIUS FIRMICUS MATERNUS

Die Acht Bücher des Wissens

Matheseos Libri VIII

448 Seiten Hardcover
ISBN 978-3-89997-171-2

Firmicus Maternus hat mit seinen im 4. Jahrhundert nach Christus verfassten acht Büchern des Wissens das umfangreichste Lehrbuch der Geburtsastrologie hinterlassen. Nach einer Erwiderung an die Gegner der Astrologie gibt er in den folgenden sieben Büchern einen Grundriss der antiken Astrologie. In Buch II behandelt er u.a. klassische Würden, Dekane, Grenzen, Hyleg oder Spiegelpunkte. Die Stellung der sieben Planeten in den einzelnen Häusern und das Thema Mundi kommen in Buch III zur Sprache. Buch IV widmet er gänzlich dem Mond, während in Buch V der Aszendent und die Planeten in den Zeichen behandelt werden. Die Aspekte bespricht er in Buch VI. Horoskope aus verschiedenen Lebensbereichen wie Beziehung, Beruf oder Krankheit stehen im Mittelpunkt von Buch VII. Einen Höhepunkt bildet seine im abschließenden Buch VIII dargelegte Lehre von den Sternbildern und der Deutung der Tierkreisgrade. Damit ist dies eines der wichtigsten Bücher der klassischen Astrologie, das aus dem Altertum erhalten geblieben ist.

»Insgesamt ist eine solide, gut leserliche und sehr vollständige Veröffentlichung dieses überaus reichhaltigen Werkes gelungen.«

Rafael Gil Brand in: Merdian 2/2009

Klassiker der Astrologie

WILLIAM LILLY

Christliche Astrologie

Buch 3

493 Seiten, Leinen, 3 Abbildungen

ISBN 978-3-89997-166-8

Im dritten Teil dieses Klassikers behandelt der Altmeister die Deutung des Geburtshoroskops nach klassischer Manier. Er beschreibt die Methoden zur Geburtszeitkorrektur. Dann stellt er ausgiebig alle Regeln zur Analyse eines Horoskops vor, wobei er den Schwerpunkt auf die Themen Gesundheit, Besitz und Partnerschaft legt. Anschließend behandelt er die Prognose mit den Profektionen, Transiten, Revolutionen und den Progressionen. Den Abschluss bildet das Beispielhoroskop eines englischen Kaufmanns, dem er eine Vorhersage für 25 Jahre machte. So ist dieses Buch ein großer Gewinn für die eigene Deutungsarbeit.

Christliche Astrologie – alle drei Bücher – ist eines der großen astrologischen Meisterwerke, das eigentlich in keiner astrologischen Büchersammlung fehlen dürfte. Die klassischen Methoden, die Lilly beschreibt, sind einfach, klar und effektiv. Sehr zu empfehlen für alle Astrologen, die sich für die traditionellen Methoden interessieren.

Meridian 3/2009

Standardwerke der Astrologie

RAFAEL GIL BRAND

Lehrbuch der klassischen Astrologie

gebunden, 424 Seiten, 20 Abbildungen.

ISBN 3-925100-47-7

Sich mit der antiken und mittelalterlichen Astrologie zu befassen mag manchem überholt erscheinen. Schließlich haben sich die Zeiten verändert, und unser gesamtes Weltbild hat wenig gemein mit den Anschauungen unserer Vorfahren. Dennoch zeigt sich gerade in jüngster Zeit weltweit eine stärkere Hinwendung zu den frühesten Quellen. Mit dem vorliegenden Buch wird es ermöglicht, die Techniken und Arbeitsweise der griechischen und mittelalterlichen Astrologie kennen zu lernen und zu verstehen. Dabei geht der Autor weit über das hinaus, was gemeinhin als klassische Astrologie bezeichnet wird. Als fundierter Kenner der Originalschriften hebt er besonders die in Vergessenheit geratenen oder scheinbar überholten Deutungselemente hervor. Es gelingt ihm, auch solche Methoden, die uns fremd erscheinen, aus der damaligen Weltanschauung heraus zu entziffern und zu verstehen. Die antiken Methoden werden umfassend dargestellt und so wiedergegeben, dass sie auch für den heutzutage an Astrologie interessierten Leser nachvollziehbar sind und leicht anzuwenden sind, was eine Erweiterung der bisherigen Deutungsmöglichkeiten verspricht.

Gil Brands Buch schließt, die sich in der Entwicklung der klassischen Astrologie seit dem Ersten Weltkrieg aufgetan hat. Es ist damit wohl das wichtigste Standardwerk der Astrologie seit langem! sternZeit